卸妆『芈月』

王子今 著

宣太后世家

中国人民大学出版社
·北京·

目录

近期播放的一些影视作品，如《芈月传》等，引起了人们对战国时期秦史的兴趣。

说明相关历史文化现象，以及若干重要历史人物的作用，复原真实的历史，对于认识当时逐步实现统一的历史走向，理解这一社会进程的文化动力，以及某些形成我们民族传统的重要基因，都是有积极意义的。

电视剧《芈月传》剧照

1. 中国古史的英雄时代

战国时期是中国古史的英雄时代。

这是一个战乱频繁、动荡激烈的历史阶段。但是同时，社会积极变革、热情进取、推崇发明和鼓励创造的时代精神有史无前例的表现。

战国时期的思想创新和文化进步，在中国历史上形成永远的亮点。

《隶释》卷二四《柳孝廉碑》有对于战国时期思想文化进行评价的文字："自战国以来，圣人不作，诸子百家，异端怪说，纷然而起。"宋代学者也有这样的判断:"天下大乱,道德不一","百家之学"盛起,人称"异端之盛,莫甚于此时"(〔宋〕真德秀:《西山读书记》卷三五《吾道异端之辨上》)。"天下"政治形势的"大乱",导致原有秩序的破坏。"道德"文化规范的"不一",为社会思想的进步创造了条件。

儒学正统学者所批评的与儒家"圣人"之学不同的"异端"之"起"、"异端之盛",其实体现了百家争鸣时代的思想自由、学术繁荣和文化进步。

宋人张九成分析了当时三个强国的动向,秦国信用张仪,齐国"尊稷下先生",楚国采用陈轸的"谋画":"……是时秦惠文王正用张仪之谋以败从约,齐宣王正尊稷下先生以谋强国,楚又大国吞五湖三江之利,据方城、汉水之险而有陈轸为之谋画。"(《孟子传》卷一)知识分子的活跃,使得高层次的智慧应用于军事指挥和政治设计。

从战国时期直到秦汉之际,"王""霸""帝"的政治支配权力的争夺,导致持续的战乱。"强国务攻,弱国备守,合从连横,驰车击毂,介胄生虮虱,民无所告愬"(《史记·平津侯主父列传》),"伏尸百万,流血漂卤"(贾谊:《过秦论》,《史记·秦始皇本纪》)。按照裴骃《集解》引徐广的解释,"卤,楯也"。当时所谓"诸侯争强,战国并起,甲兵不休"(《盐铁论·未通》),所谓"战国构兵,更相吞灭，专以争强攻取为务"（《中论·历数》），都强调战争的激烈。战争使得社会遭受了极大的灾难，而随后实现的统一，又推进中国历史迈入了新的纪元。

王夫之《读通鉴论》说，春秋战国时期为"古今一大变革之会"。清代学者汤斌写道："秦之并六国也，此古今一大变局也。"（《汤子遗书》卷四《重建信陵君祠记》）从战国时期直到秦代，社会文化和生产方式有了突出的进步。

战国时期也是我们民族精神体现英雄主义光辉的时代之一。这一时期以"甲兵""争强"为表现形式，以英雄进取为历史主题的时代精神，是我们回顾战国历史时不能不瞩目的。

司马迁《史记》中有《循吏列传》和《刺客列传》，分别讲述的是一些模范官员和为了"信"与"义"不惜牺牲生命的勇敢之士的事迹。这两篇都没有直接记述秦汉时代的历史故事，其中形象最光辉的主要人物，比如《循吏列传》中的"楚之处士"后"为楚相"的孙叔敖和《刺客列传》中为燕刺秦始皇的卫人荆轲等，都是战国时代的人物。

司马迁提示我们注意的政治建设与社会稳定的关系、侠义精神与生命意识的关系，战国历史进程都可以给予我们重要的启示。

2.「芈月」故事

　　宋人张九成《孟子传》说到战国时期三个大国即秦国、齐国、楚国"以谋强国"的情形与天下大势的关系，其中秦国和楚国的动态特别值得注意。

　　一位嫁到秦国的楚女，后来在秦国上层社会的政治争斗中胜出，甚至把握了最高权力。在她执政的时代，秦国力迅速崛起。秦远征军的凌厉攻势，使得东方各国视之为"虎狼"。秦人破城略地，大规模扩张，奠定了帝业的基础，为后来秦始皇实现统一准备了条件。

　　这是真实的历史吗？

电视剧《芈月传》剧照

郑晓龙作品《芈月传》讲述的这样一个女人的故事，其实是真确的历史进程的艺术写真。

"芈月"的历史原型，是秦国的宣太后。

宣太后芈姓，出身楚国。关于"芈"，汉代字书《说文解字·羊部》写道："芈，羊鸣也。从羊。象气上出。与牟同意。"说"芈"字的本义，是羊的叫声。"芈"仿象"羊鸣"，大致与"牟"仿象牛的叫声意思相近。"芈"的原始字义，体现了人和动物、人和自然的亲近关系。《说文解字》的作者许慎出身战国时期属于楚国的地方。他对"芈"字的解说，应当符合古义。先秦人名有姓、氏。先秦的姓，如姬、姜、姒、嬴等，和后世的姓，如赵、钱、孙、李等，性质和范围都有差别。而氏的数量比姓要多许多倍。1976年陕西省扶风县庄白村出土的一个西周青铜器窖藏，器主世系有七世可考，前几世器物铭文末尾有"木羊"，后来改称微氏，就不再用"木羊"之称了（参见李学勤：《考古发现与古代姓氏制度》，载《考古》，1987(3)）。"木羊"应当也是与羊有关的名号。

宣太后在秦国经历的政治人生，与秦惠文王执政至秦昭襄王执政时期秦迅速强国的历史轨迹同步。

宣太后曾经主持秦的国家行政数十年，这一历史阶段的基本特征，即《史记·六国年表》所谓"海内争于战功"，各大国积极竞争，"务在强兵并敌"。秦军"追亡逐北"，"宰割天下"（贾谊：《过秦论》),描绘了趋向统一的战争史富于英雄主义色彩的画卷。

司马迁"昭襄业帝"的评价(《史记·太史公自序》),肯定了这一时期秦人的历史成就对于后来实现统一的意义。

宣太后也是秦始皇帝业的奠基人之一。

《芈月传》以芈八子即后来的宣太后作为表现这一历史阶段的标志性符号,是适宜的。基于历史记载,又进行艺术加工而出现的"芈月"形象,在观众面前演出了战国故事。通过"芈月"的表演,许多人熟悉了战国历史。这种历史知识普及的效果,是历史学者通过正规的学术方式很难实现的。

"芈月"热,推动了社会诸多层次的人们对历史的关注。这是我们深心高兴的事情。然而应当说明,"芈月"名字出于虚构。历史文献记录中未曾出现过一个叫"芈月"的人。

3. 楚女婚车的轨迹

秦国和楚国，立国和初步发展时期，都处于曾经与中原文化重心有一定距离的边远地方。然而均相继迅速崛起，形成了政治强势。正如《荀子·王霸》所说，"虽在僻陋之国，威动天下"。

秦昭襄王面对东方文化积淀深厚的中原地方，曾经承认"秦国辟远"（《史记·范雎①蔡泽列传》），楚怀王也自称"此僻陋之国"

---

① 范雎（？—前255），一作范且，或误作范睢。本书所引文献均据文献原文录入，未做统一。参见《辞海》（1999年版缩印本），700页，上海，上海辞书出版社，2000。——编者注

（《史记·张仪列传》）。楚人曾有"诸侯远我"（《史记·楚世家》）的自卑，秦孝公也曾经发表"诸侯卑秦，丑莫大焉"（《史记·秦本纪》）的感叹。正视中原文明强势、秦人在文化方面的不自信，成为励志的积极因素。由此激发的改革动力，促成了商鞅变法的成功。

春秋时期多见秦人和晋人通婚的情形。所谓"秦晋之好"，反映了区域文化史和婚姻关系史的一个特殊的侧面。

秦国和楚国也有特殊的关系。两国的发展路径，也有相似之处。

来自东方的秦人最初的根据地在西汉水上游，今天甘肃礼县地方。后来因畜牧业经营的优胜，进入汧水和渭水交汇的地方，又借助两周交替的契机，控制了关中平原西部，立国后逐步向东发展。

据清华简《楚居》透露的资料，有的学者认为，曾经集结于今鄂西地区的楚人也曾经在秦岭南北活动，后来循丹江进入江汉平原，成就了建国事业。

秦人由黄河流域进入长江流域，获得早期发展的条件，又转向黄河流域。楚人由长江流域可能也曾进入黄河流域，再由丹江水系南下江汉。秦国和楚国，前者在西面，后者在南面，曾经分别形成对中原国家的威胁。

秦国和楚国地域亲近，关系特殊。正如战国游士所说，"秦与楚接境壤界，固形亲之国也"。正是在楚"与秦亲"的形势下，后来成为宣太后的芈姓楚国女子出嫁秦国。

秦楚通婚，其实久有传统，张仪曾建议楚怀王："请以秦女为大

电视剧《芈月传》剧照

王箕帚之妾"(《史记·张仪列传》)。此前则有楚平王使人往秦国为太子娶妇,得知"秦女好",竟然"自娶秦女","更为太子娶"(《史记·楚世家》)的故事。这一情形,后来导致楚平王父子的矛盾以及伍奢家族的悲剧,进而引发了楚国的国难。

著名的嫁为秦妇的楚女,又有后来成为秦孝文王后的华阳夫人。秦孝文王是秦昭襄王的继承人。吕不韦进行政治投资,支持异人谋求成为王位继承人的机会。他让异人穿"楚服"谒见"无子"的华阳夫人,果然博得其欢心:"不韦使楚服而见。王后悦其状,高其知,曰:'吾楚人也。'而自子之,乃变其名曰'楚'。"异人"楚服而见"直接导致"王后悦其状"并更其名为"子楚"。

吕不韦以"使楚服而见"的巧妙策略,成功地撩动了华阳夫人潜在心底的思乡之情。

后来成为宣太后的芈姓女子由楚入秦,应当是通过武关道进入关中平原的。武关在今陕西商南。武关道以最便捷的方式沟通河渭地区和江汉地区,很早就已经成为重要的战略道路。

武关道作为联系秦、楚的交通通路,同时因行经的丹江川道形势重要,曾经为秦、楚反复争夺。

武关道上曾经发生很多秦国与楚国之间生动的历史故事。

楚平王信用佞臣无忌,逼太子建出亡,杀害直臣伍奢及其子伍尚。伍奢另一子伍员即伍子胥被迫流亡国外,后来率吴军伐楚,击败楚军主力，占领楚都郢。传说伍子胥以鞭尸方式为父兄报仇。传统戏曲中，高文秀《伍子胥弃子走樊城》、郑廷玉《楚昭王疏者下船》、吴昌龄《浣纱女抱石投江》、李寿卿《说鱄诸伍员吹箫》等，都是讲述这段故事的。当伍子胥率吴军破楚后，楚臣申包胥往秦国求得救兵，终于使楚复国。值得我们注意的，是传统剧目中有孟称舜《二胥记》，明崇祯刊本，记述了伍子胥覆楚、申包胥复楚的事迹，标目有"孝伍员报怨起吴兵，忠包胥仗义哭秦庭"字样。对于这段历史，《史记·秦本纪》有这样的记载："（秦）哀公八年，楚公子弃疾弑灵王而自立，是为平王。""十一年，楚平王来求秦女为太子建妻。至国，女好而自娶之。""十五年，楚平王欲诛建，建亡；伍子胥奔吴。""三十一年，吴王阖闾与伍子胥伐楚，楚王亡奔随，吴遂入郢。楚大夫申包胥来告急，七日不食，日夜哭泣。于是秦乃发五百乘救楚，败吴师。吴师归，楚昭王乃得复入郢。"本来应当是楚太子建的妻子，后来为楚平王所霸占的"秦女"，是经由武关道自秦国至于楚国的。二十年之后出发救楚的秦军"五百乘"兵车，也是经由武关道自秦国至于楚国的。

唐人胡曾的咏史诗《秦庭》于是写道："楚国君臣草莽间，吴王戈甲未东还。包胥不动咸阳哭，争得秦兵出武关？"至于"申包胥来告急"，自然也是经行这条道路。

申包胥求救于秦的情形，《左传·定公四年》说："立依于庭墙而哭，日夜不绝声，勺饮不入口，七日。"终于使秦哀公感动，秦师于是出征。对于申包胥这次武关道之行，郑廷玉《楚昭王疏者下船》用这样的语句形容，"山遥水远路三千"，"晓行晚宿无辞惮"。

申包胥求救成功，按照文学家的表述，秦国国君的说法，竟然也与这条古驿道上的交通设施"驿亭""邮亭"有关："有楚大夫申包胥前来借兵求救，某坚意不允。不意包胥在驿亭中，依墙而哭，七昼夜不绝，遂将邮亭哭倒。我想此人真烈士也，我如今要借兵与他。"

武关道是上古时代联系秦地和楚地的重要通道。由江汉平原至关中平原，这是最方便的路线。历史地理学者史念海曾经论证，此即"秦始皇二十八年北归及三十七年南游之途也"（史念海：《秦汉时代国内之交通路线》，见《河山集》，第4集，西安，陕西师范大学出版社，1991）。秦始皇二十八年（前219年）之行，得到睡虎地秦简《编年记》"【廿八年】，今过安陆"（三五二）的证实（参见睡虎地秦墓竹简整理小组：《睡虎地秦墓竹简》，释文第7页，北京，文物出版社，1990）。其实，在实现统一之前，秦王政二十三年（前224年），"秦王游至郢陈"（《史记·秦始皇本纪》），很可能也经由此道。也就是说，秦始皇或许曾三次经行这条道路。秦末，刘邦由这条道路先项羽入关。由《史记》卷一二九《货殖列传》"南阳西通武关"可知，因南阳地方"成为当时联络南北地区的最大商业城市和经济重心"，这条道路形成"交通盛况"（参见王文楚：《历史时期南阳盆地与中原地区间的交通发展》，见《古代交通地理丛考》，4～5页，北京，中华书局，1996）。

这条道路在历史上发生重要作用的另一件实例，是汉景帝时代周亚夫出征平定吴楚七国之乱的事迹。汉文帝曾经视察周亚夫屯驻的细柳营，体会他治军之严，曾经感叹道："嗟乎，此真将军矣！"于是汉文帝临终时，对于太子有周亚夫可以在危难时将兵的告诫。汉文帝去世，汉景帝即位后即拜周亚夫为车骑将军。面临吴楚七国之乱，汉景帝任用周亚夫为太尉，作为最高统帅，往东方平定叛乱。周亚夫乘坐当时驰传系统中等级最高的"六乘传"出发平叛。"六乘传"见诸史籍只有两例，另一例是汉文帝以代王身份入长安继承帝位时，也曾经乘坐"六乘传"（《史记·吕太后本纪》）。周亚夫行至长安以东的霸上，赵涉阻挡车队，劝告说：吴王长期以来财力雄厚，豢养一批敢死之士。现在知道将军将要东行，一定会派遣间谍刺客潜伏于殽山、渑池地方的崇山险道之间等待。而且兵事神秘，军机不宜泄露，将军何不由此折向右行，走蓝田（今陕西蓝田西），出武关（今陕西商南南），抵雒阳（今河南洛阳），行程相差不过一两天，至雒阳后，直入武库，击鸣鼓，东方诸侯闻之，将以为将军从天而降也。赵涉的建议，不仅能够避开吴王派遣的刺客，也有益于保守军事机密，可以予叛军以突然的震撼。太尉周亚夫采纳了赵涉的建议，从武关道迂回抵达雒阳。他派人搜查殽山、渑池之间，果然发现了吴王派置的伏兵。周亚夫以赵涉建议的正确，向汉景帝推荐，任用他为护军。

作为一条重要的道路，"武关道"这一名称的出现，最初见于《后汉书·王允传》的记载。王允看到董卓扰乱朝纲，祸害社会越来越严重，于是密谋诛杀之。他建议任命护羌校尉行作将军事，执金吾士孙瑞为南阳太守，一同率兵出"武关道"，这次军队调动以讨伐袁术为名，实际上是准备分路征董卓。但是这一计谋似乎被董卓识破，计划没有能够实现。

另一处记载，见于《三国志·魏书·张鲁传》裴松之注引《魏略》。其中写道，蓝田人刘雄鸣在东汉末年的动乱中聚集了武装力量，被州郡地方政府任命为小将。为马超击破后，归顺曹操。曹操建议朝廷拜为将军，希望他召集部党，安定一方。然而其部党不愿意归于曹操，于是又叛离。其力量逐渐壮大，有众数千人，控制了武关道口。最终为夏侯渊击溃。

在后来成为宣太后的芈姓楚女出嫁秦国大约300年后，在中国历史上也许知名度更高的另一位楚女，也经过这条道路从楚地来到关中长安。她就是远嫁匈奴的王昭君。王昭君至长安入宫，沿途应满足高度缜密和绝对安全的要求，必然依赖驿传体系的交通保障。经行武关道应当是合理的选择。而武关道的通行条件，当时达到最高等级的水准。

作为许多位出身楚地的美女北上的通路，武关道上经历过丽人的倩影，飘荡过脂粉的香气，也保留了若干珍贵的历史记忆。

4. 历史机遇和芈八子的表现

　　宣太后的少女时代，我们已经无从知晓任何生活史和心态史的细节。大概推测，她很可能是楚国贵族的女儿，曾经在早年经历中受到楚文化的熏陶。

　　她来到秦惠文王身边，起初并没有得到王后的地位。她以"芈八子"身份，在秦王宫廷中侍奉秦国君主。《史记·穰侯列传》说，宣太后"其先楚人，姓芈氏"，"故号为芈八子，及昭王即位，芈八子号为宣太后"。关于"芈八子"名号，《资治通鉴》卷三"周赧王八年"有"昭襄王母芈八子，楚女也，寔宣太后"的记载，胡三省

电视剧《芈月传》剧照

就此有所解释："芈，楚姓也。汉因秦制，嫡称皇后，次称夫人，又有美人、良人、八子、七子、长使、少使之号。美人爵视二千石，比少上造。八子视千石，比中更。"说"八子"是秦汉后宫女子等级之一，地位次于"后""夫人""美人""良人"。汉代制度，"八子"地位相当于俸禄"二千石"的官员，爵位等级相当于二十等爵制中的第十三等"中更"。"汉因秦制"的说法是正确的。在"芈八子"

的时代，这一制度应当已经形成。

芈八子并非秦惠文王的正妻，按照秦汉时代的称谓习惯，她的身份大致相当于战国秦汉时期民间所谓"偏妻""下妻""小妻"。

也就是说，芈八子在秦国政治权力体系中本来没有重要的地位。不过，在秦史进程的关键时段，出现了特殊的机遇。这位女子清醒地判断形势，及时地做出抉择，在得到有力辅佐的条件下，终于在权力争夺中成功胜出。

秦史记录中，秦孝公在推行改革之后去世，秦惠文王即位。后来的宣太后就是由于成为秦惠文王的配偶进入秦宫廷的。

秦惠文王是秦国第一位称王的君主。《史记·周本纪》记载了周王朝与秦惠文王的关系：

> （周显王）三十三年，贺秦惠王。
>
> 三十五年，致文武胙于秦惠王。
>
> 四十四年，秦惠王称王。其后诸侯皆为王。

而张守节《正义》指出，《史记·秦本纪》云："惠王十三年，与韩、魏、赵并称王。"不过我们现在看到的《史记·秦本纪》的记载，只说："四年，天子致文武胙。齐、魏为王。""十三年四月戊午，魏君为王，韩亦为王。"关于"四年……齐、魏为王"，司马贞《索隐》解释说："齐威王、魏惠王。"关于"十三年……魏君为王，韩亦为王"，张守节《正义》："魏襄王、韩宣惠王也。"《史记·秦本纪》不见"惠王十三年，与韩、魏、赵并称王"的记载，也没有明确记录秦惠文王称王的年代。只是说到这一时期齐、魏、韩的君主相继称王。大概《史记·周本纪》的记载是可信的，即："（周显王）四十四年，秦惠王称王。其后诸侯皆为王。"

其实，秦惠文王是第一位正式"称王"的秦国君主，也是列国政治领袖此后"皆为王"的先行者。

秦献公时，周太史儋见秦献公，发表了关于秦国与周王朝关系演进的历史预言："秦始与周合，合而离，五百岁当复合，合十七年

电视剧《芈月传》剧照

而霸王出焉。"（《史记·封禅书》）这位"周太史儋"，孟康认为就是老子，韦昭推定年代，指出此人并非老子（参见《史记·封禅书》司马贞《索隐》）。张守节《正义》又解释说："十七年霸王出焉者，谓从秦孝公三年至十九年，周显王致伯于秦孝公，是霸出也；至惠王称王，王者出焉。"

由"霸"而"王"，体现了秦国国家实力的增强和国家威望的腾升。这一进步，是在秦惠文王执政期间实现的。也就在这一时期，芈八子跻身于秦国王族集团，介入了秦国高层政治生活，熟悉了秦国社会文化礼俗，参与了秦国国家行政操作。

秦惠文王去世之后，秦国经历秦武王的短暂统治。秦武王意外丧生，芈八子积极促成自己的儿子嬴稷即位。她以"太后"身份专权，使得秦史进入了可以称为宣太后时代的重要历史阶段。

《史记·穰侯列传》记述了相关历史情节。秦武王死后，由于没有子嗣，立其弟为昭王。秦昭王的母亲就是此前号为"芈八子"的女人。"及昭王即位，芈八子号为宣太后。"宣太后并非秦武王的生母。秦武王的母亲号曰"惠文后"，在秦武王去世之前已经死去。宣太后是依靠家族势力促成秦昭襄王取得王位的。她有两个弟弟均在秦国拥有政治实力。其异父长弟就是穰侯，姓魏氏，名冉；同父弟叫作芈戎，为华阳君，后来为新城君。此外，昭王同母弟高陵君显、泾阳君悝，也都是秦国贵族。其中魏冉最为贤能。他在秦惠文王时代和秦武王时代都曾经任职用事，积累了相当丰富的政治经验。

电视剧《芈月传》剧照

据《史记·秦本纪》秦武王意外逝世，诸弟争立，魏冉依靠政治经验和政治实力拥立昭王。昭王即位，任命魏冉为将军，卫戍都城咸阳。秦昭襄王即位的第二年，庶长壮与大臣公子试图夺取最高执政权，皆被处死。有的记载说："秦内乱，杀其太后及公子雍、公子壮。"史称"诛季君之乱"（《史记·穰侯列传》）的这场政治变故，告知我们秦昭襄王权力地位的确立，是经过流血斗争的。后来，又将秦武王的王后驱逐到魏国，秦昭襄王诸兄弟不顺从者皆灭之，于是宣太后的势力威振秦国，控制了政治局势。"昭王少，宣太后自治，任魏冉为政。"（《史记·穰侯列传》）

电视剧《芈月传》剧照

　　司马迁曾经引子贡的话说："智者不失时。"(《史记·仲尼弟子列传》)就是说,明智的人应当能够识时务,发现和把握机会,《史记》又记录了冯驩的话："不可失时也。"(《史记·孟尝君列传》)也警告不可以放弃机会。司马迁还引录了李斯的言论:"胥人者,去其几也。"(《史记·李斯列传》)司马贞《索隐》解释说:"胥人犹胥吏,小人也。去犹失也。几者,动之微。以言君子见几而作,不俟终日;小人不识动微之会,故每失时也。"说君子明智,可以敏锐地发现机会,抓住机会;而小人愚蠢,看不到历史机遇,往往"失时"。关于"失时",《史记·张耳陈余列传》可见传主建议武臣自立时曾经这样说:"将军毋失时,时间不容息。"司马贞《索隐》解释说:"以言举事不可失时,时几之迅速,其间不容一喘息顷也。"

　　在陈说自己为《史记》设计"列传"这一体裁的考虑时,司马迁写道:"扶义俶傥,不令己失时,立功名于天下。"(《史记·太史公自序》)张守节《史记正义·论史例》说,《史记》"列传"的撰写主旨,是"以记王侯将相英贤略立功名于天下,可序列也"。这些历史英雄所以能够取得成功,"立功名于天下"的重要因素,是"见几而作","不令己失时"。

　　芈八子在秦武王去世,秦国政治权力出现短暂空缺,"时间不容息"的关键时节,能够"见几而作","不令己失时",解决了"秦内乱"的严重危机,确立了以"太后"身份"自治"的新的政治格局,也可以称得上是"扶义倜傥"，为后来"立功名于天下"，准备了基本的条件。

芈八子的儿子嬴稷之所以能够成为秦国的君主，有复杂的因素。芈八子设计的曲折路径，使得秦昭襄王艰难地登上了国君的宝座。

秦武王去世时，嬴稷作为人质远在燕国。燕国送嬴稷回到秦国，于是得以即秦王位。他回到秦国，也得到赵国的帮助。《资治通鉴》卷三"周赧王八年"的记载，写作："武王无子，异母弟稷为质于燕，

电视剧《芈月传》剧照

国人逆而立之。"胡三省注："逆，迎也。"也就是说国人迎而立之。从这样的记载看来，"稷"得以"立"，是得到"国人"的支持的。

尽管秦昭襄王即位得到赵国和燕国的有效助力，然而作为出身楚地的女子，宣太后在全面把握国家权力的初期，似乎更为重视借助楚国的国力以为秦昭襄王地位的某种支撑。

在宣太后执政初期，有"（楚怀王二十四年，即秦昭襄王二年）秦来迎妇"（《史记·六国年表》），"（秦昭襄王）三年，王冠，与楚王会黄棘，与楚上庸"，"（十二年）予楚粟五万石"（《史记·秦本纪》）等事迹值得注意。

秦昭襄王即位的第二年，在尚未行冠礼的年龄，即往楚国迎娶楚女，次年与楚怀王会见，并将此前占领的楚上庸之地归还楚国。

这些表现，都突出显示了和楚国交好的外交动向。

秦昭襄王十二年（前295年），向楚国输送五万石粟，则是以大规模的物资运输方式维护两国友好关系的行为。

战国中晚期，秦国君主的出行记录中，秦惠文王出行6次，秦武王出行2次，秦昭襄王出行16次，秦王政出行3次。秦昭襄王的出行，有11次是会见韩王（2次）、赵王（2次）、魏王（2次）、楚王（5次）。

秦昭襄王时代与楚国的高层外交活动最为频繁，这应当也是与宣太后出身楚国有一定关系的。

5.古史第一位「太后」

　　秦武王没有子嗣，秦昭襄王以兄终弟及的程序继立。"昭王少，宣太后自治，任魏冉为政。"魏冉是宣太后的异父长弟，"自惠王、武王时任职用事"。宣太后和已经具有比较丰富政治经验的魏冉合作，确定了秦昭襄王的地位，消除了权力接递时节的政治危机，姐弟两人结成的强势组合，一时"威振秦国"（《史记·穰侯列传》）。秦史于是进入到一个新的时代。在数十年的秦史记录中，这个女人以她的智慧和勇力进行政治经营、军事谋划和外交设计，取得了诸多成功。

电视剧《芈月传》剧照

“宣太后”名号，就现有资料看，是中国出现“太后”称谓最早的实例。

宋代学者高承《事物纪原》卷一“太后”条分析了“太后”一语最初的出现：“《史记·秦本纪》曰：昭王母芈氏，号宣太后。王母于是始以为称。”“是太后之号，自秦昭王始也。”明代学者董斯张《广博物志》卷一一《事物考》也说：“秦昭王母芈氏，号宣太后。是太后之号始于此也。”后世历朝多次出现的“太后”干政甚至主政的情形，其实自“宣太后”起始。

不过，我们还不能说宣太后是中国历史上第一位影响政治方向的女子。此前曾有女性由于与君王的特殊关系干预政治操作的史例，如妹喜、妲己、褒姒等，后人以为“女祸之戒”（《左传纪事本末》卷一七）。殷墟甲骨文资料中，有关于商王武丁一位名叫“妇好”的妻子多次率军与诸方作战的历史记录。郭沫若曾经分析殷墟卜辞中有关“帚某”的文例，指出：“‘帚’乃‘婦’省。‘妇好’乃武丁之妇，名常见，每有从事征伐之事。”（《殷契粹编》，159页，北京，科学出版社，1965）“帚”，一般以为是“妇”的省文。“帚某”地位尊贵，生时可参与兵食行政之权，死后与妣母同列于祀典。可知应当是殷王的妃嫔。卜辞所见多位“帚某”，有学者以为都是武丁的配偶。“妇好”，是武丁的妻子，死后庙号为“辛”，即乙辛周祭卜辞中武丁的法定配偶“妣辛”。保存较完整，出土丰富随葬器物的安阳殷墟 5 号墓,墓主"后辛",就是这位妇好。武丁多妻,据卜辞资料统计,"共计六十四人之多",所以又称"多帚"(参见胡厚宣:《殷代婚姻家族宗法生育制度考》,见《甲骨学商史论丛》,初集,92~97页,石家庄,河北教育出版社,2002)。"多帚",就是"多妇"。而有关这位妇好的卜辞,在殷墟出土的 10 余万片甲骨中,就有一百七八十条。武丁时代,多次用兵征伐四方,进一步巩固了殷商政权,史称"高宗中兴"。在武丁时代的一系列军事活动中,妇好有引人注目的突出表现。甲骨卜辞记录,妇好曾经为武丁征集兵员。有的卜辞说明了妇好征兵的地点。有的卜辞内容还记录了"登人"之后,妇好为王出征的实例。如"伐土方":"贞王勿乎(呼)妇好往伐土方。"(《库方二氏所藏甲骨卜辞》237)卜辞文意:王不命令妇好去征伐土方吗?妇好还曾经担任征伐羌人的统帅:"辛巳卜,贞登妇好三千登旅万,乎(呼)伐〔羌〕。"(《库方二氏所藏甲骨卜辞》310)这次伐羌的战役,妇好指挥的部众有 13 000 人之多。妇好又曾经率部征伐东方的夷方。在征讨巴方的战争中,妇好作为统帅,也有十分活跃的表现。妇好频繁出现在西方、北方、东方和西南方的战场上,多次作为承担主要作战任务的部队的统帅,以上司身份和诸名将合作,率军万千,远征异族,并且能够屡屡获胜,是中国军事史上值得重视的历史事实。已经确知以妇好为墓主的殷墟 5 号墓中,出土大批珍贵器物,其中的"司母辛"组铜器数量虽然并不多,但是非常重要，例如其中的 2 件大方鼎，大小仅次于"司母戊"大鼎。2 件四足觥形制也极其别致罕见。此外，还出土石雕卧牛 1 件，上有"司辛"2 字，可能是"司母辛"的省文。墓中出土青铜器 60 余件，制作都较精致华美，质地厚重，随葬的大批玉器，工艺水平令人惊异。精细的象牙雕刻品，也足见妇好地位之高贵。值得我们注意的，还有墓中出土青铜兵器多至 130 余件，如钺、戈、镞以及弓形器等。出土的精美玉器中，也有加工成戈、矛、戚、钺、刀和斧等形状的装饰品（参见中国社会科学院考古研究所安阳工作队：《安阳殷墟五号墓的发掘》，载《考古学报》，1977（2））。兵器的集中出土，以及仿兵器玉制品的发现，都是和妇好长期的军事生涯相符合的。关于"帚某"率军征伐的事迹，郭沫若曾经举出四例，其中三例为"帚好"事迹，此外，还有其他"帚某"参与军事生活的史例。这样我们可以知道，妇好堪称常胜女将军，然而武丁时代率军远征的女性贵族，其实又不只是妇好一人。

当然，这些在政治、军事等方面影响历史进程的女性人物与宣太后史称"自治"的全面专权有所不同。

秦史的宣太后时代，进取是显著的。宣太后在历史提供的舞台上进行了精彩的表演。

作为中国古代第一位"太后"，宣太后的历史表现在许多方面均堪称第一。权力控制之全面，执政时段之长久，都是此前诸多参政甚至干政的女性无法比拟的。特别是她作为秦国最主要的执政者创立的功业，值得我们在总结秦史时予以特别的关注。

电视剧《芈月传》剧照

**6.
宣太后时代秦国力的盛起**

晚年宣太后将国家管理权力全面交给秦昭襄王，马非百《秦集史》以为"当是时，昭王四十一年也"（马非百：《秦集史》，106页，北京，中华书局，1982）。据《史记·范雎蔡泽列传》，可以理解"昭王已立三十六年"时，开始考虑削弱宣太后的权势。也就是说，"宣太后自治"，主持秦国行政至少36年，很可能长达41年。

宋代学者邵雍撰《皇极经世书》卷六上《观物篇三十一》写道："乙未，秦拔魏邢邱，罢穰侯相国及宣太后权，以客卿范雎为相，封应侯。魏冉就国。……丙申，秦以安国君为太子，宣太后卒。"也就是说，"宣太后权"的把握，其实一直延续到这位女子去世的前一年。

朱熹对邵雍的记述表示赞许："《皇极经世》纪年甚有法。史家多言秦废太后，逐穰侯，《经世》书只言秦夺宣太后权，伯恭极取之，盖实不曾废。方子"（《朱子语类》卷一〇〇）言"秦夺宣太后权"而"实不曾废"，认为宣太后与秦昭襄王的权力交递，大概并未出现激烈形式。

宣太后被"罢""权"或说"夺""权"的第二年，即走到人生终点。

推想宣太后交出国家最高权力时，很可能执政能力已经因年龄和健康出现了一些问题。

《资治通鉴》卷五"周赧王四十九年"记载："（周赧王）四十九年……（秦昭襄王）废太后，逐穰侯、高陵、华阳、泾阳君于关外，以范雎为丞相，封为应侯。"《资治通鉴》卷五"周赧王五十年"又写道："（周赧王）五十年秦宣太后薨，九月，穰侯出之陶。"

司马光以"臣光曰"的形式肯定了"穰侯"对秦国力崛起的功绩："臣光曰：穰侯援立昭王，除其灾害；荐白起为将，南取鄢、郢，东属地于齐，使天下诸侯稽首而事秦。秦益强大者，穰侯之功也。虽其专恣骄贪，足以贾祸，亦未至尽如范雎之言。若雎者，亦非能为秦忠谋，直欲得穰侯之处，故搯其吭而夺之耳。遂使秦王绝母子之义，失舅甥之恩。要之，雎真倾危之士哉！"他说，穰侯魏冉支持秦昭襄王即位，为他清除竞争者，排解政治危局。又推荐白起为将，南伐楚，占领楚的重心地带鄢、郢，又向东扩张，直接与齐国接壤，使天下列国恭敬屈从于秦。秦国逐渐强大，是穰侯魏冉的功劳。虽然他专权骄横贪婪，足以导致个人致祸，却并没有严重到如范雎所指责。如范雎这样的人物，并非为秦国的国家利益考虑，只是想夺取穰侯的地位，所以力扼其咽喉，致使穰侯失去权势。于是使得秦昭襄王断绝母子之情义、舅甥之亲恩。范雎真是"倾危之士"啊！"倾危"，可以理解为狡诈，也可以理解为倾覆。司马光以是否"能为秦忠谋"为标尺，评判魏冉和范雎的政治争执，肯定魏冉对"秦益强大"的"功"，对范雎则持批判态度。他对"遂使秦王绝母子之义，失舅甥之恩"表示遗憾。事实上，宣太后和魏冉当时结成了牢固的政治同盟，实现了默契的政治合作。司马光对魏冉的肯定，就是对宣太后的肯定。所谓"秦益强大者，穰侯之功也"，穰侯之"功"，其实也就是宣太后之"功"。

当然，后世史家评论对魏冉的批评，其实也连带到宣太后。

宋代学者洪迈曾经指责宣太后时代参与秦国最高行政决策的魏冉在政治道德方面的罪过。他是在史学名著《容斋随笔》中发表这些意见的。《容斋随笔》曾经受到许多学者的重视，文献学者称赞此书"辩证考据，颇为精确"（〔清〕永瑢等：《四库全书总目提要》）。

电视剧《芈月传》剧照

据说毛泽东生前看的最后一部书，就是《容斋随笔》。洪迈写道：
"自汉以来，议者谓秦之亡，由商鞅、李斯。鞅更变法令，使民不见
德，斯焚烧《诗》《书》，欲人不知古。其事固然。予观秦所以得罪
于天下后世，皆自挟诈失信故耳。其始也，以商於六百里唉楚绝齐，
继约楚怀王入武关，辱为藩臣，竟留之至死。及其丧归，楚人皆怜
之，如悲亲戚。诸侯由是不直秦，未及百年，'三户亡秦'之语遂
验。而为此谋者，张仪、魏冉也。仪之恶不待言，而冉之计颇隐，
故不为士君子所诛。当秦武王薨，诸弟争立，唯冉力能立昭王。冉
者，昭王母宣太后之弟也。昭王少，太后自治事，任冉为政，威震
秦国。才六年而诈留楚王，又怒其立太子，复取十六城。是时王不
过十余岁，为此者必冉也。后冉为范睢所间而废逐。司马公以为冉
援立昭王，除其灾害，使诸侯稽首而事秦，秦益强大者，冉之功也。
盖公不细考之云。又尝请赵王会渑池，处心积虑，亦与诈楚同。赖
蔺相如折之，是以无所成，不然，与楚等耳。冉区区匹夫之见，徒
能为秦一时之功，而贻秦不义不信之名万世不灭者，冉之罪诚大
矣。"（《容斋四笔》卷九"魏冉罪大"条）洪迈说，自汉代以来的政
论家和历史评论家，都以为秦的短促而亡，罪在商鞅、李斯。商鞅
更立新法，使民众放弃道德，李斯焚书，要让人忘记历史传统，这
都是事实。但是我看秦之所以为天下后世批判、摒弃，罪在于推崇
诈力，而不讲信义。最初是以商於六百里土地诱使楚国与齐国绝交，

随即约请楚怀王入武关，以藩臣待遇予以侮辱，竟扣押至身死于秦。楚怀王丧归楚国，楚人皆深心同情，举国如悲亲戚。自此诸侯不再信任和尊重秦国。不到一百年，"楚虽三户，亡秦必楚"的预言果然应验。而策划欺骗和欺侮楚国的计谋的，是张仪和魏冉。张仪的恶劣自不待言，而魏冉所起的作用后人并不清楚知晓，所以指责不多。魏冉是秦昭襄王母宣太后的弟弟，昭王年少，太后自治事，任用魏冉协助执政，一时威震秦国。不过六年，就以诈谋扣留楚王，又因楚国立太子而怒，发军攻取楚国十六城。这时秦昭襄王不过十余岁，事情的策划者无疑是魏冉。后来魏冉因范雎的建议终于被废逐。司马光以为魏冉"援立昭王，除其灾害"，使诸侯稽首而事秦，秦益强大者，是魏冉之功。这是他没有细致考察史实得出的判断。秦国又曾经请赵王会渑池，处心积虑，使用与欺骗楚怀王同样的伎俩。幸赖蔺相如使秦人计谋破产，致使未能得逞，否则赵王将遭遇与楚王同样的悲剧命运。魏冉区区匹夫之见，只能为秦国取一时之功，而使得秦人不义不信的名声万世不灭，可知魏冉的罪过确实非常严重。

这段指责魏冉的文字，其实可以看作对宣太后的直接批判。宣太后与魏冉合作，控制了秦国政治秩序，把握了秦国政治走向，也在外交、军事行为中有特殊的表现。洪迈批评魏冉"挟诈失信"，"不义不信"，主要是说宣太后主持秦政期间对楚国，特别是对楚怀王使用的特殊的策略。

司马光所谓"秦益强大者，冉之功也"，应当说其实并没有什么错误。而确实在秦国"太后自治事，任冉为政"的时代，比较灵活，比较实际，不受东方文化"义""信"道德准则制约的策略方式，是致使"秦益强大"的重要因素。

宣太后等秦国当时的执政者的外交、军事表现，往往无视传统游戏规则，不按常规出牌的策略手段，受到当时人和后世人的批评，即所谓洪迈所谓"得罪于天下后世"，"贻秦不义不信之名万世不灭"。

洪迈批判的秦之"挟诈失信"，其实可以和死板偏执地恪守道德传统而致败亡的宋襄公事迹对照理解。朱熹说"宋襄公修仁行义"（《诗集传》卷一九），但是这种"仁""义"，却是不利于在残酷的政治军事竞争中取得实利的。

宣太后执政长久，秦人取得的"南拔楚之鄢郢，楚怀王幽死于秦。秦东破齐"，以及"数困三晋"等成就，都是在"秦太后、穰侯用事"，看起来秦国"卒无秦王"即秦王似乎并不起重要作用的阶段实现的，都可以看作宣太后时代秦人向东挺进的胜利。

在宣太后主政的时期，秦史频见军事告捷与政治成功。

据《史记·秦本纪》记载，在比较确定的宣太后执政的秦昭襄王元年（前306年）至秦昭襄王三十六年（前271年）期间，秦军曾经对魏、韩、楚、齐、赵多次主动攻击：

电视剧《芈月传》剧照

四年，取蒲阪。

六年……庶长奂伐楚，斩首二万。

七年，拔新城。

八年，使将军芈戎攻楚，取新市。

九年……奂攻楚，取八城，杀其将景快。

十三年，向寿伐韩，取武始。左更白起攻新城。

十四年，左更白起攻韩、魏于伊阙，斩首二十四万，虏公孙喜，拔五城。

十五年，大良造白起攻魏，取垣，复予之。攻楚，取宛。

十六年，左更错取轵及邓。

十八年，错攻垣、河雍，决桥取之。

二十一年，错攻魏河内。魏献安邑，秦出其人，募徙河东赐爵，赦罪人迁之。

二十二年，蒙武伐齐。河东为九县。

二十三年，尉斯离与三晋、燕伐齐，破之济西。

二十四年……秦取魏安城，至大梁……

二十五年，拔赵二城。

二十七年，错攻楚。赦罪人迁之南阳。白起攻赵，取代光狼城。又使司马错发陇西，因蜀攻楚黔中，拔之。

二十八年，大良造白起攻楚，取鄢、邓，赦罪人迁之。

二十九年，大良造白起攻楚，取郢为南郡，楚王走。

三十年，蜀守若伐楚，取巫郡，及江南为黔中郡。

三十一年，白起伐魏，取两城。

三十二年，相穰侯攻魏，至大梁，破暴鸢，斩首四万，鸢走，魏入三县请和。

三十三年，客卿胡阳攻魏卷、蔡阳、长社，取之。击芒卯华阳，破之，斩首十五万。魏入南阳以和。

三十五年，佐韩、魏、楚伐燕。

三十六年，客卿灶攻齐，取刚、寿，予穰侯。

这些战役中，可统计的"斩首"记录合计 45 万。其中二十九年（前 278 年）白起攻楚，占领郢，迫使"楚王走"。这是战国时期秦军远征第一次攻陷敌国都城。二十七年（前 280 年）"司马错发陇西，因蜀攻楚黔中"，三十年（前 277 年）"蜀守若伐楚，取巫郡，及江南为黔中郡"，都是在远离秦本土关中的地方发起大规模进攻。后来指挥长平决战，歼灭赵军主力 40 余万人的名将白起，作为军事明星在宣太后时代即已开始上升。"十三年……左更白起攻新城"，"十四年，左更白起攻韩、魏于伊阙，斩首二十四万"，"二十七年……白起攻赵"，二十八年（前 279 年）和二十九年（前 278 年）"攻楚"，白起已经以"大良造"身份统率远征军了。在"取郢"之后，

电视剧《芈月传》剧照

白起得到了"武安君"的名号。这位或称"战神"或称"战争恶魔"的战国时期军功最显赫的军事天才，是在宣太后时代出现并得到识拔的。

秦昭襄王九年（前298年），"孟尝君薛文来相秦"，是秦国引入东方人才推动行政进步的特例。秦昭襄王听说齐国贵族孟尝君贤，于是让泾阳君赴齐国作人质，以求见孟尝君。孟尝君将往秦国，其宾客都不希望他成行，纷纷劝谏，孟尝君不听。苏代劝阻道：今天早上我从外来，见木偶人和土偶人相与语。木偶人说：天雨，你就将败坏。土偶人说：我生于土，败坏仍然归于土。现在如果天雨，水流冲激你漂荡而行，不能知道会漂流到哪里。今秦，虎狼之国也，而君欲往，如有不得还，君得无为土偶人所笑乎？孟尝君放弃了入秦的计划。齐湣王二十五年（前299年），使孟尝君入秦，昭王即任用孟尝君为秦相。有人对秦昭王说：孟尝君贤，而且又是齐国王族，今相秦，必然会先考虑齐国的利益，然后才考虑秦国的利益，"秦其危矣"。于是秦昭王乃止。囚孟尝君，谋欲杀之。孟尝君派人见昭王幸姬以求解脱。幸姬说："妾愿得君狐白裘。"当时孟尝君确实有一狐白裘，"直千金，天下无双"，但来到秦国即已献给昭王，并没有第二件狐白裘。孟尝君深为忧虑，问计于宾客，没有人能够提出合理的建议。"最下坐有能为狗盗者，曰：'臣能得狐白裘。'乃夜为狗，以入秦宫臧中，取所献狐白裘至"，于是献给秦王幸姬。幸姬为孟尝君向昭王求情，昭王于是释放了孟尝君。"孟尝君得出，即驰去"，变更姓名，伪造通行凭证，试图出关。夜半时分，孟尝君一行抵达函谷关。而秦昭王后悔释放孟尝君，不过"求之已去"，于是"使人驰传逐之"。孟尝君来到函谷关，关法规定，"鸡鸣而出客"。正当"孟尝君恐追至"时，"客之居下坐者有能为鸡鸣"，使得函谷关"鸡齐鸣"，于是得以出关。出关后大约一顿饭的工夫，"秦追果至关"，但孟尝君已经出关，不得不返还。《史记·孟尝君列传》记载的这一著名的"鸡鸣狗盗"故事应当可以说明孟尝君曾经来到秦国，但是与《史记·秦本纪》"孟尝君薛文来相秦"和《史记·田敬仲完世家》"孟尝君薛文入秦，即相秦"的记载并不完全吻合。孟尝君曾经"相秦"的历史记录的真实性，得到秦东陵1号墓出土文物的证明。这座墓葬被盗掘，破案后收缴的文物中有一件漆豆，针刻文字显示的年号可以判定为秦昭襄王时代器物。而"相邦薛君"铭文，可以证实孟尝君确实曾经"相秦"。

宣太后执政时代能够任用身份为"齐族"的孟尝君为相，体现出外交思想的开放与宽怀。

此外，"（秦昭襄王）十年，楚怀王入朝秦，秦留之。"十一年（前296年），秦抗击了"齐、韩、魏、赵、宋、中山"联军的进犯，又与韩、魏单独媾和，使得攻秦军事同盟解体。十七年（前290年）"东周君来朝"，二十九年（前278年）"周君来"，则都是重要的外交成功。

而秦昭襄王十二年（前295年），"予楚粟五万石"（《史记·秦本纪》），是战国时期规模最大的一次国际救援物资运输。

以汉代运输车辆的装载规格一车二十五石计算，"五万石"需用运车2 000辆。

这是继支援晋国抗灾发起的"汎舟之役"之后最大规模的一次运输行为。

这种跨国远程运输，当然也可以看作统一战争中为前线提供军需供应的军运行为的一种演练。

在宣太后主持管理国家政治的历史阶段，实现了"唯秦雄天下"（《史记·鲁仲连邹阳列传》）、"秦地半天下"（《史记·张仪列传》）的局面，从而为秦始皇后来的统一奠定了基础。

商鞅变法显著推动了秦富国强兵的进程。贾谊《过秦论》这样评价芈八子来到秦国之前，秦孝公与商鞅合作怎样创造了秦人新的历史形象："秦孝公据殽函之固，拥雍州之地，君臣固守而窥周室，有席卷天下，包举宇内，囊括四海之意，并吞八荒之心。当是时，商君佐之，内立法度，务耕织，修守战之备，外连衡而斗诸侯，于是秦人拱手而取西河之外。"（《史记·秦始皇本纪》）秦人对于"天下""四海"的进取雄心已经显现，同时初步拥有了"守战"的实力，进而取得了东进的战功。"商君"的历史作用是显著的。但正如司马迁所说："商君，其天资刻薄人也。"其诸多言行"亦足发明商君之少恩矣"。"刻薄"和"少恩"，告诉人们商鞅变法有利于扩张国力，却不利于教化人心的特征。司马迁于是感叹道："卒受恶名于秦，有以也夫！"（《史记·商君列传》）指出商鞅促成了秦国的崛起，却因性情偏执，执法严酷，在秦国未能享有好的声誉。《史记·商君列传》说，赵良面见商鞅，提出了"畜百姓之怨"的批评，警告商鞅："君之危若朝露！""秦王一旦捐宾客而不立朝，秦国之所以收君者，岂其微哉？"指出一旦秦孝公去世，秦国将出现严重不利于商鞅的变故，是显而易见的事情。赵良如下一段话后来成为开明执政者的政治格言："千羊之皮，不如一狐之掖；千人之诺诺，不如一士之谔谔。武王谔谔以昌，殷纣墨墨以亡。"他建议商鞅应当听取反面的意见。其中所谓"武王谔谔以昌，殷纣墨墨以亡"的比喻，是言辞严正的指责。张守节《正义》明确指出，这是"以殷纣比商君"。

商鞅在秦"受恶名"，但是正如《韩非子·定法》所说："及孝公、商君死，惠王即位，秦法未败也。"宣太后亲身经历过"车裂商君"事件，对于秦惠文王处死商鞅但坚持贯彻"商君法"的政策把握可能有较深层次的理解。《韩非子·和氏》写道："商君车裂于秦。……秦行商君法而富强。"《韩非子·问田》也指出："秦行商君而富强。"

　　宣太后时代仍然坚持了"行商君法"的政治方向。著名的蔡泽与范雎的对话，其中七次说到"商君"，两位先后任"拜为秦相"的政治家共同认为他"极身无贰虑，尽公而不顾私"，"为人臣尽忠致功"。蔡泽甚至赞誉商鞅："为主安危修政，治乱强兵，批患折难，广地殖谷，富国足家，强主，尊社稷，显宗庙，天下莫敢欺犯其主，主之威盖震海内，功彰万里之外，声名光辉传于千世。"又说："夫商君为秦孝公明法令，禁奸本，尊爵必赏，有罪必罚，平权衡，正度量，调轻重，决裂阡陌，以静生民之业而一其俗，劝民耕农利土，一室无二事，力田稸积，习战陈之事，是以兵动而地广，兵休而国富，故秦无敌于天下，立威诸侯，成秦国之业。功已成矣，而遂以车裂。"（《史记·范雎蔡泽列传》）可见宣太后时代秦国的社会舆论，对商鞅的"忠"与"功"可以正面肯定。

　　看来在当时的政治气候下，对于被秦惠文王处以"车裂"并灭族极刑的这位"反者"（《史记·商君列传》），在高层次的政治对话中，面对权臣也可以明白表露内心的同情。

　　宣太后因推行"商君法"的坚定，对商鞅的认识和评价也许较秦惠文王时代更为客观公允。当然，距离商鞅受刑已经经过了若干年时间，《史记·商君列传》所谓秦国"宗室贵戚多怨望者"的情形大概已经发生了一定的变化，宣太后身边上层社会受到变法冲击导致的"怨望"逐渐冷却，也应当是以宣太后为代表的秦国执政集团可以比较冷静地看待商鞅的因素之一。

7.『义渠戎』问题

　　秦文化深受西戎文化影响，东方国家长期视秦人为夷狄。《史记·秦本纪》的说法是"夷翟遇之"。秦人因为很可能来自西戎文化基因的突出的进取精神和英雄主义，被东方人看作"虎狼之国"。《史记》的《苏秦列传》《樗里子甘茂列传》《孟尝君列传》《屈原贾生列传》都记录了当时人有关秦"虎狼之国"的言辞。但也许正是这种勇猛急悍的文化特征，成为秦得以通过战争手段和军事方式实现统一的重要因素之一。

电视剧《芈月传》剧照

关于秦汉时期人才分布的区域形势，《汉书·赵充国辛庆忌传》说："秦汉已来，山东出相，山西出将。"《后汉书·虞诩传》也说："谚曰：'关西出将，关东出相。'"班固在《汉书·赵充国辛庆忌传》最后有一段有关人才地理学的著名分析。他不仅指出了秦汉以来名将多出"关西"的历史事实，还讨论了这一社会文化现象的重要的历史背景："赞曰：秦汉已来，山东出相，山西出将。秦将军白起，郿人；王翦，频阳人。汉兴，郁郅王围、甘延寿，义渠公孙贺、傅介子，成纪李广、李蔡，杜陵苏建、苏武，上邽上官桀、赵充国，襄武廉褒，狄道辛武贤、庆忌，皆以勇武显闻。苏、辛父子著节，此其可称列者也。其余不可胜数。何则？山西天水、陇西、安定、北地处势迫近羌胡，民俗修习战备，高上勇力鞍马骑射。故《秦诗》曰：'王于兴师，修我甲兵，与子皆行。'其风声气俗自古而然，今之歌谣慷慨，风流犹存耳。"

这段话说到战国秦汉名将十五人，其中首列"秦将军白起""王翦"。所谓"义渠公孙贺、傅介子"也许值得注意。公孙贺与傅介子都是"义渠"人。西汉名人中出身"义渠"者，还有公孙敖等。据《汉书·地理志》记载，北地郡有"义渠道"。公孙贺与傅介子都出身于这里。"道"是县级行政单位。当时制度，被称为"蛮夷"的少数民族聚居的"县"，称作"道"。可见西汉时期，北地郡仍有"义渠"人集中的地方。"义渠道"的存在，也可以理解为战国时期"义渠"曾经强盛一时的历史记忆的遗存。

西汉初期，人们谈论边疆与民族问题，仍然使用"义渠"这一指示族属聚居信息的人文地理词汇。汉文帝时，匈奴入侵导致的严重边患，威胁汉地的和平生产。汉文帝发兵防御匈奴。号称"智囊"的晁错上书建议，利用其他民族的力量共同抗击匈奴。他说："兵，凶器；战，危事也。以大为小，以强为弱，在俛卬之间耳。夫以人之死争胜，跌而不振，则悔之亡及也。帝王之道，出于万全。今降胡义渠蛮夷之属来归谊者，其众数千，饮食长技与匈奴同，可赐之坚甲絮衣，劲弓利矢，益以边郡之良骑。令明将能知其习俗和辑其心者，以陛下之明约将之。即有险阻，以此当之；平地通道，则以轻车材官制之。两军相为表里，各用其长技，衡加之以众，此万全之术也。"（《汉书·晁错传》）他提示战争的发起必须谨慎，如果出现失误，则悔之不及。比较周全的谋略，应当利用"降胡义渠蛮夷之属来归谊者"，他们人数可观，风习能力与匈奴相同，可以予以武装，选择了解其习俗，能够团结其部众的"明将"指挥调度，负责"有险阻"地方的防御，与负责守备"平地通道"的汉家车兵彼此策应，相互配合。这样的做法，可以称作"万全之术"。晁错的建议，明确说到对"降胡义渠蛮夷之属"的利用。这是上呈皇帝的正式文书，其中"义渠"称谓，无疑应当符合官方认可的社会语言习惯。

电视剧《芈月传》剧照

汉宣帝时，光禄大夫"义渠安国"曾经巡视"诸羌"，处理汉与羌的矛盾。这位"义渠安国"，是姓"义渠"名"安国"的官员。《资治通鉴》卷二五"汉宣帝元康四年"记载："光禄大夫义渠安国使行诸羌。"胡三省解释说："战国时西戎有义渠君，为秦所灭，子孙以国为姓。"宋代学者邓名世《古今姓氏书辩证》卷二九《五真》介绍"义渠"这个姓的来历时，这样写道："《风俗通》：'义渠'，狄国，为秦所灭，因氏焉。汉有光禄大夫'义渠安国'，宣帝时使行觇诸羌。"明人陈士元《名疑》卷三讨论"汉晋复姓后代少见"现象时，举出了"义渠安国"一例。看来西汉时期作为姓氏存留的"义渠"这一民族符号的遗存，"后代"渐渐生疏了。

对于"山西"多出军事人才的原因，班固说到"山西天水、陇西、安定、北地处势迫近羌胡，民俗修习战备，高上勇力鞍马骑射"的因素。《艺文类聚》卷六引《春秋元命苞》说道：并州，"其气勇抗"；雍州，"其气险也。"《后汉书·段颍传》说，武威姑臧人段颍"少便习弓马，尚游侠"，率军平定羌人之乱，"涉履霜雪，兼行晨夜，身当矢石，感厉吏士"，屡立奇功，因为字纪明，与皇甫威明、张然明，并知名显达，京师称为"凉州三明"。范晔在赞语中于是有"山西多猛，'三明'俪踪"的说法。《后汉书·西羌传》关于段颍事迹，也写道："段颍受事，专掌军任，资山西之猛性，练戎俗之态情，穷武思尽飙锐以事之。被羽前登，身当百死之陈，蒙没冰雪，

经履千折之道，始殄西种，卒定东寇。"所谓"山西多猛""山西之
猛性"，都体现出区域文化风格即"风声气俗"的基本特质。这一文
化风格的形成，是与"戎俗"相联系的。也就是班固所说的"处势
迫近羌胡，民俗修习战备，高上勇力鞍马骑射"（《华阳国志·蜀
志》）。所谓秦地风俗"多悍勇"，也应与"羌胡""戎俗"等文化气
象和民俗特征有关。

回顾秦人的历史，确实可以看到与西北少数民族摩擦、竞争、
攻夺，以及亦亲近、交流、融合的过程中逐步强大的文化轨迹。

秦人先祖有与"戎"密切交往的历史。"非子居犬丘，好马及
畜，善养息之。犬丘人言之周孝王，孝王召使主马于汧渭之间，马
大蕃息。孝王欲以为大骆适嗣。申侯之女为大骆妻，生子成为適。
申侯乃言孝王曰：'昔我先郦山之女，为戎胥轩妻，生中潏，以亲故
归周，保西垂，西垂以其故和睦。今我复与大骆妻，生適子成。申
骆重婚，西戎皆服，所以为王。王其图之。'于是孝王曰：'昔伯翳
为舜主畜，畜多息，故有土，赐姓嬴。今其后世亦为朕息马，朕其
分土为附庸。'邑之秦，使复续嬴氏祀，号曰秦嬴。亦不废申侯之
子为骆適者，以和西戎。"（《史记·秦本纪》）周孝王时代，秦人除
与"西戎"部族通婚外，又有与"戎"实现民族团结的成功，"保西
垂，西垂以其故和睦"。周王朝肯定其成就，利用秦人的这一优长之
处，"分土为附庸"，"以和西戎"。秦人因此成为周王朝承认的附属

政治实体。秦人又曾经与"西戎"持续武装争夺。周厉王时代,"无道,诸侯或叛之"。当时"西戎"强盛,对周王室取敌对态度,灭犬丘大骆之族。周宣王即位,以秦人领袖秦仲为大夫,令其诛伐西戎。西戎杀秦仲。"秦仲立二十三年,死于戎。"秦仲有五个儿子,长子就是庄公。周宣王于是召庄公兄弟五人,给予他们兵士七千人,指令其攻伐西戎,庄公等击破西戎。秦仲的后人得到其先祖曾经控制的大骆及犬丘地方,被任命为西垂大夫。大致在今天甘肃天水礼县地方,秦人得到了初步发展的空间。而这一条件的获得,经历了与"西戎"的残酷战争。庄公的长子世父为了复戎人杀祖父之仇,将兵击戎,甚至将继承权让给弟弟襄公。秦襄公二年,戎人围犬丘,世父击之,为戎人所俘虏,一年多之后才得释放。周幽王专宠褒姒,废太子,立褒姒子为嫡,"数欺诸侯,诸侯叛之。西戎犬戎与申侯伐周,杀幽王郦山下"。而秦襄公将兵救周,作战奋勇,有功。周避犬戎之难,东迁洛阳,秦襄公以兵送周平王。于是,"平王封襄公为诸侯,赐之岐以西之地"。宣布:"戎无道,侵夺我岐、丰之地,秦能攻逐戎,即有其地。"秦襄公于是正式立国。五年之后,伐戎而至岐地。后来,秦文公以兵伐戎,戎败走。"于是文公遂收周余民有之,地至岐,岐以东献之周。"可以说,秦早期发展的历史,就是与"西戎"交往的历史。交往的重要形式之一,就是战争。通过对戎人武装斗争的胜利,秦向东向西均有扩张。秦武公元年,伐戎人彭戏氏,至于华山下。秦武公十年，伐邽、冀戎，在这里初置县。

秦穆公执政时期，是秦国取得空前大发展的时代。"伐戎王，益国十二，开地千里，遂霸西戎。天子使召公过贺缪公以金鼓。"（《史记·秦本纪》）秦国正是击败戎王，在"西戎"控制地方形成权威，实现了版图的空前扩张。秦穆公的"霸"权得到周"天子"的承认，

春秋晚期至战国时期看，义渠是"西戎"最强大的一支。

《史记·匈奴列传》说，"义渠"为"西戎八国"之一，在"岐、梁山、泾、漆之北"。其活动区域，在今天陕西关中的西北方向。据《史记·六国年表》，秦厉共公六年（前471年）"义渠来赂"。秦躁公十三年（前430年），"义渠伐秦，侵至渭阳"。秦与义渠之间，实力强弱与攻守关系有反复变化。秦惠文王时，秦与义渠的关系因秦国力的上升出现新的形势。秦惠文王七年（前331年），"义渠内乱，庶长操将兵定之"。秦惠文王十一年（前327年），"义渠君为臣"。秦惠文王更元五年（前320年），"王北游戎地，至河上"。秦惠文王通过义渠控制的地方北至"河上"。这正是芈八子为"惠王之妃"（《史记·穰侯列传》司马贞《索隐》）的时候。秦惠文王更元十一年（前314年），"侵义渠，得二十五城"。《史记·匈奴列传》记载："后义渠之戎筑城郭以自守，而秦稍蚕食，至于惠王，遂拔义渠二十五城。惠王击魏，魏尽入西河及上郡于秦。秦昭王时，义渠戎王与宣太后乱，有二子。宣太后诈而杀义渠戎王于甘泉，遂起兵伐

电视剧《芈月传》剧照

残义渠。于是秦有陇西、北地、上郡，筑长城以拒胡。"秦占有了今陇东、陕北和宁夏大部地方，直接与草原胡族接境。

范雎见秦昭襄王："昭王至，闻其与宦者争言，遂延迎，谢曰：'寡人宜以身受命久矣，会义渠之事急，寡人旦暮自请太后；今义渠之事已，寡人乃得受命。'"《史记·范雎蔡泽列传》的这段文字，说明"义渠之事"是当时军国公务中最"急"的大事。秦昭襄王虽参与处置，但是需"旦暮"频繁请示太后。宣太后无疑是处理义渠问题的最高决策者。"杀义渠戎王于甘泉，遂起兵伐残义渠"，这一决定秦西北方向战略形势的军事行为，是由宣太后主持策划和指挥的。

宣太后以"起兵伐残"的军事方式，即以战争手段解决了义渠问题，大致控制了西北方面。从魏国得到的西河、上郡，以及此次平定的陇西、北地，成为秦稳定的后方。秦军东进因此不再有后顾之忧。正如《后汉书·西羌传》所说："及秦始皇时，务并六国，以诸侯为事，兵不西行。"自此西线无战事，提供了东方军事持续进取的保障。

秦惠文王时代兼并巴蜀，宣太后作为"惠王之妃"，应当亲历了这一成功军事战略的策划与实践。此后，"蜀既属秦，秦以益强，富厚，轻诸侯"（《史记·张仪列传》）。而对于秦的北方和西北方的进取，宣太后的成功，其意义可能并不逊于她的夫君对巴蜀的兼并。

电视剧《芈月传》剧照

　　宣太后实现对上郡、北地的控制，创造了使秦国上层执政集团可以跨多纬度空间控制，实现了对游牧区、农牧并作区、粟作区、麦作区以及稻作区兼行管理的条件。这是后来对统一王朝不同生态区和经济区实施全面行政领导的前期演习。当时的东方六国，没有一个国家具备从事这种政治实践的条件。

8.
关于"昭襄业帝"

　　《史记》有"昭襄业帝"的说法。另一例"业帝"字样的出现，也见于《太史公自序》。司马迁称颂刘邦击败项羽随即建国的功绩，使用了这样的文字："诛籍业帝，天下惟宁。"

　　其实，更早使用"业帝"这一语汇的，是与宣太后同时的名臣蔡泽。《战国策·秦策三》记载，蔡泽与范雎交谈，说到名将白起击破楚国随即大败赵国的战功："楚地持戟百万，白起率数万之师，以与楚战，一战举鄢郢，再战烧夷陵，南并蜀汉，又越韩魏，攻强赵，北阬马服，诛屠四十余万之众，流血成川，沸声若雷，使秦业帝。"而《史记·范雎蔡泽列传》的记述是："楚地方数千里，持戟百万，白起率数万之师以与楚战，一战举鄢郢以烧夷陵，再战南并蜀汉。又越韩、魏而攻强赵，北阬马服，诛屠四十余万之众，尽之于长平之下，流血成川，沸声若雷，遂入围邯郸，使秦有帝业。"《战国策》"使秦业帝"，《史记》作"使秦有帝业"。可见，所谓"昭襄业帝"，就是说秦昭襄王时代"使秦有帝业"。而我们知道，蔡泽说这番话的时候，距离范雎对秦昭襄王说"闻秦之有太后……不闻其有王也"，不过数年。大致可以说，"使秦有帝业"的形势，主要是在"太后擅行不顾"，而"无王"的条件下实现的。

秦昭襄王时曾经称"帝"。《史记·秦本纪》记载了秦王称"西帝"，齐王称"东帝"的史事："（秦昭襄王）十九年，王为西帝，齐为东帝，皆复去之。"《史记·赵世家》说："秦自置为西帝。"《史记·田敬仲完世家》记载齐湣王说："秦使魏冉致帝。"可知秦、齐短暂称帝，是"秦自置为西帝"在先，而秦"致帝"于齐，应当是为了战略合作的需要。秦昭襄王十九年（前288年）"自置为西帝"，无疑是由宣太后亲自设计并操作的。

苏秦曾经对秦惠文王说："以秦士民之众，兵法之教，可以吞天下，称帝而治。"（《史记·苏秦列传》）我们有理由相信，自秦惠文王时代起，秦国执政者已初有"称帝"的雄心，到秦昭襄王虽然短暂却明确宣布了"西帝"称号，直至宣太后最终移交最高执政权时，已经实现"秦地半天下"（《史记·张仪列传》）的局面，从而为秦始皇后来的统一奠定了基础。

其实也可以说，"昭襄业帝"的重要历史功绩，主要是宣太后完成的。

秦始皇实现统一之后，曾经将议定最高执政者的名号作为确定政治合法性的重要步骤。《史记·秦始皇本纪》记载："秦王初并天下，令丞相、御史曰：'异日韩王纳地效玺，请为藩臣，已而倍约，与赵、魏合从畔秦，故兴兵诛之，虏其王。寡人以为善，庶几息兵革。赵王使其相李牧来约盟，故归其质子。已而倍盟，反我太原，故兴兵诛之，得其王。赵公子嘉乃自立为代王，故举兵击灭之。魏王始约服入秦，已而与韩、赵谋袭秦，秦兵吏诛，遂破之。荆王献青阳以西，已而畔约，击我南郡，故发兵诛，得其王，遂定其荆地。燕王昏乱，其太子丹乃阴令荆轲为贼，兵吏诛，灭其国。齐王用后胜计，绝秦使，欲为乱，兵吏诛，虏其王，平齐地。寡人以眇眇之身，兴兵诛暴乱，赖宗庙之灵，六王咸伏其辜，天下大定。今名号不更，无以称成功，传后世。其议帝号。'"秦王政回顾相继兼并韩、赵、魏、楚、燕、齐六国的战争史历程，以为"六王咸伏其辜，天下大定"之后，如果"名号"不作变更，不能显示和纪念这一伟大成功，无以"传后世"，吩咐丞相和御史大夫"议帝号"。所谓"其议帝号"，已经透露出秦王政个人对"帝"字深心倾慕的情感。

然而，丞相王绾、御史大夫冯劫和廷尉李斯等似乎并没有真正领会秦王政特别关注"帝"的意图，他们这样表达了对于"议帝号"的意见："昔者五帝地方千里，其外侯服夷服诸侯或朝或否，天子不能制。今陛下兴义兵，诛残贼，平定天下，海内为郡县，法令由一统，自上古以来未尝有，五帝所不及。臣等谨与博士议曰：'古有天皇，有地皇，有泰皇，泰皇最贵。'臣等昧死上尊号，王为'泰皇'。命为'制'，令为'诏'，天子自称曰'朕'。"他们认为，过去"五帝"统治的地方有限，各地族群领袖有的朝见，有的不朝见，天子并不能实际控制。现今陛下获得空前的军事成功，平定天下，海内设定为郡县，法令全由一统，这是上古以来未曾有过的局面，这样的功德已经超过"五帝"。他们似乎更重视"皇"的尊号，而"天皇""地皇""泰皇"之中，"泰皇"最为尊贵，于是建议秦王政采用"泰皇"名号，"命"称为"制"，"令"称为"诏"，天子自称"朕"。秦王政的决定却是去掉"泰"字，保留"皇"字，采用上古"帝"位号，号曰"皇帝"。其他"制""诏""朕"等，如王绾、冯劫、李斯等议。

　　于是，"皇帝"制度成立。这一影响中国历史两千多年的制度，是秦始皇的重要发明。就"皇帝"名号的议定过程看，他对"帝"字的专爱，体现出一种可能与某种悠久的传统意识有关的定见。追溯其渊源，应当注意到宣太后时代"西帝""东帝"名号的使用，以及史家对这一历史阶段"昭襄业帝"的肯定的评价。

9. 宣太后政治成功的条件

　　宣太后时代秦国国力的发展和版图的扩张，有多方面的因素。我们应当注意时代背景、历史基础、社会条件、文化基因的综合作用，也必须肯定宣太后、秦昭襄王、魏冉等人主观努力的作用。

　　第一，商鞅设计的新法使得秦富国强兵得到了确定的制度保证。

　　分析宣太后获得的政治、军事与外交方面多种成就的原因，应当注意到商鞅变法的成功是基本的历史条件。

　　秦孝公与商鞅合作变法，改变了秦史的走向，也为秦国实现富国强兵确定了制度条件。这是商鞅以后秦国空前强盛，持续进取，终得统一的最重要的条件，当然也是宣太后时代秦国获得多方面进取的制度保证。《盐铁论·非鞅》记载了大夫的言论："昔商君相秦也，内立法度，严刑罚，饬政教，奸伪无所容，外设百倍之利，收山泽之税，国富民强，器械完饰，蓄积有余。是以征敌伐国，攘地斥境。"指出商鞅在主持秦国行政期间，立法严刑，整顿政教，打击"奸伪"，增益国家收入，加强战备蓄积，因此在对外战争中多次取胜，成功扩张。又说："秦任商君，国以富强，其后卒并六国而成帝业。"所谓"其后"，自然是包括宣太后时代的。商鞅确定的策略原则也有利于秦的扩张。对于商鞅的战略和政策的长久影响，还有这样的评述："昔商君明于开塞之术，假当世之权，为秦致利成业。是以战胜攻取，并近灭远，乘燕、赵，陵齐、楚，诸侯敛衽，西面而向风。其后，蒙恬征胡，斥地千里，踰之河北，若坏朽折腐。何者？商君之遗谋，备饬素修也。故举而有利，动而有功。"这里说到的"商君之遗谋"，其积极影响延续到秦始皇时代，甚至有益于蒙恬对匈奴的战争。商鞅法制建设和战略策划的意义，自然是宣太后时代"昭襄业帝"之成功的最有效的保障。

秦惠文王即位后处决了商鞅，却依然执行商鞅确定的新法。正如《韩非子·定法》所说："及孝公、商君死，惠王即位，秦法未败也。"

电视剧《芈月传》剧照

芈八子也就是后来的宣太后曾经亲历这一历史过程。她很可能高度认同秦惠文王的政治取向。在她主持行政期间，仍维护持商鞅之法的权威，商鞅也得到一定程度的肯定。

法制秩序的稳定，即秦法中商鞅所确定制度的执行连续性，为社会的进步及宣太后乃至秦昭襄王兼并事业的成功，提供了确定的制度保证。

第二，几代秦王所持续维护的政策的连续性显现出历史效力。

贾谊《过秦论》曾经如此总结秦统一的事业："及至始皇，奋六世之余烈，振长策而御宇内，吞二周而亡诸侯，履至尊而制六合，执敲扑而鞭笞天下，威振四海。"《史记·陈涉世家》的引文是"奋六世之余烈"，《史记·秦始皇本纪》的引文是"续六世之余烈"。这个"续"字的使用，更突出地体现出秦政治风格的延续性。

所谓"六世"，据裴骃《集解》引张晏的说法，就是"孝公、惠文王、武王、昭王、孝文王、庄襄王"。

这"六世"中，就在位年代而言，秦孝公 24 年，秦惠文王 27 年，秦武王 4 年，秦昭襄王 56 年，秦孝文王 1 年，秦庄襄王 3 年。秦昭襄王时代的军事政治进取无疑有决定性的意义。而前代君王的积极作用，也应当充分认识。

秦孝公任用商鞅推行变法，确定了秦国发展的方向。秦惠文王时代大大增强了秦的国力，除向东进取而外，据有巴蜀，取得了战略优势地位。而秦武王的贡献也值得肯定。

公元前 311 年，秦惠文王去世，秦武王即位。秦武王是秦国第二代称"王"的君主，他在执政的第四年与力士"举鼎"因意外事故致胫骨骨折，于是去世。

《史记·秦本纪》说，"武王有力好戏，力士任鄙、乌获、孟说皆至大官"，可知"力士"们同时从政，负有高层管理责任。这一情形大概并不能说明秦武王是无能的昏主。"好力"其实是秦文化的传统倾向。上古"力士"的出现，反映当时社会在生产和生活中，因抗争自然和群体竞进需要，比较普遍的对于个人体能强健的追求。"力士"受到尊崇，以必要的显示方式为条件，有人看作体育史、竞技史和杂技表演史的早期表现。"力士"故事在秦史中的密集出现，以及"力士"曾经在秦国居于高位的情形，可以从一个特殊的侧面反映秦文化的"尚力"传统。马非百《秦集史》中《人物传十九》可以读作杜回、孟说、乌获、任鄙列传。后三位就是秦武王时参与国家高级行政的"力士"（参见马非百：《秦集史》，367～370 页，北京，中华书局，1982）。王蘧常《秦史》有《三力传》，与《二老传》《三帅传》《三良传》并列，总结了"力士任鄙、乌获、孟说"事迹。成书在《秦集史》后，史料收录似更为完整准确。关于"孟说"，王蘧常《秦史》作"孟贲"（参见王蘧常：《秦史》，180～181页，上海，上海古籍出版社，2000）。《论衡·儒增》："多力之人，

莫若孟贲。"也是值得注意的说法。《史记》卷六八《商君列传》载
录赵良对商鞅行政的批评，有这样一句话："多力而骈胁者为骖乘。"
指出秦孝公时商鞅这样的主政高官，身边也有"多力"者侍从。秦
始皇时代对秦武王所信用著名"力士"能力的尊信，依然有所表现。
如《水经注·渭水下》记载："秦始皇造桥，铁镦重不胜。故刻石作
力士孟贲等像以祭之，镦乃可移动也。"

　　马非百在分析秦"力士"的历史作用时这样写道："元材案：吕
不韦书言：'以众勇，无畏乎孟贲矣。以众力，无畏乎乌获矣。'故
项羽谓'剑一人敌不足学，学万人敌'。夫以贲、获之勇力，使其能
学万人敌，其所威，岂在白起、王翦下哉！"（马非百：《秦集史》，
368 页，北京，中华书局，1982）我们可以体会到，白起、王翦等
名将在军事战争中显示的强势，是以普通军人"众勇""众力"的艰
苦奋战为基础的。马非百引"吕不韦书言"见《吕氏春秋·用众》：
"天下无粹白之狐，而有粹白之裘，取之众白也。夫取于众，此三
皇、五帝之所以大立功名也。凡君之所以立，出乎众也。立已定而
舍其众，是得其末而失其本。得其末而失其本，不闻安居。故以众
勇，无畏乎孟贲矣。以众力，无畏乎乌获矣，以众视无畏乎离娄矣，
以众知无畏乎尧、舜矣。夫以众者，此君人之大宝也。田骈谓齐王
曰：'孟贲庶乎患术，而边境弗患；楚、魏之王，辞言不说，而境内
已修备矣，兵士已修用矣；得之众也'。"可知秦国开明的政治领袖

明白"用众"的道理。而提高孟贲、乌获等"力士"的地位以实现其引领社会风习的作用，也是聪明的策略。

关于所著《秦史·三力传》名义，王蘧常写道："秦起西垂，多戎患，故其民朴坚悍，尚气概，先勇力。读《小戎》、《驷驖》、《无衣》诸诗，其风声气俗盖由来久矣。商君资之更法，以强兵力农，卒立秦大一统之基。悼武王有力，以身率，尚武之风益盛。上有好者，下必有甚焉者矣。"（王蘧常：《秦史》，180 页，上海，上海古籍出版社，2000）所谓"尚气概，先勇力"，是秦民俗传统风格。而执政者出于政治军事追求的导向性政策，更促成了这种文化特质的显性的历史作用。

"强兵力农"的法令制度，使得"卒立秦大一统之基"。在这样的历史进程中，"悼武王有力，以身率"的作用是重要的，"三力"榜样性的"勇力"模范的作用，也是重要的。多种因素导致的"尚武之风益盛"的情形，是秦军力强劲，一往无前，终于实现统一的决定性条件。

在指导秦国政治方向的法家论著的理论表述中，对"力"的推崇可以说旗帜鲜明。《商君书·农战》强调"教民"的重要，行政者引导民风，期望"民朴""作壹"："民朴则不淫……作壹则民不偷。民不偷淫则多力，多力则国强。"而民"力"也就是国"力"："劳民者，其国必无力。无力者，其国必削。""抟民力以待外事，然

电视剧《芈月传》剧照

后患可以去，而王可致也。"《商君书·去强》说："国无力而行知巧者，必亡。"而法家的追求重视调整阶级关系："治国能令贫者富，富者贫，则国多力，多力者王。"法制建立健全的目的，是"国多力"。也就是说："刑生力，力生强，强生威，威生惠，惠生于力。举力以成勇战，战以成知谋。"《商君书·说民》也说："刑生力，力生强，强生威，威生德，德生于刑。""作一则力抟，力抟则强；强而用，重强。故能生力，能杀力，曰：'攻敌之国'，必疆。塞私道以穷其志，启一门以致其欲，使民必先其所恶，然后致其所欲，故力多。"其中有关"生力""杀力"的说法，体现了富有战略意义的执政理念，值得我们注意。"杀力"，是要将民"力"国"力"投入到兼并战争中。

《商君书·壹言》强调："力多而不攻则有虱。故抟力以壹务也，杀力以攻敌也。"《商君书·错法》："为国而能使其民尽力以竞于功，则兵必强矣。"秦国正是因此击破东方六国，实现了统一的。而秦武王"有力，以身率"，促成"尚武之风益盛"的作用，对于秦国的强盛，是有积极意义的。

秦武王在短暂的四年内，有与魏王和韩王的成功会盟，表达了"寡人欲容车通三川，窥周室"的雄心，并出军拔取宜阳，逼近周王室所在洛阳。对义渠也予以攻伐（参见《史记·秦本纪》）。应当承认，对于秦国的持续进取与不断扩张，秦武王起到了积极有效的推进的作用。

《史记·秦本纪》和《史记·六国年表》都突出记录了秦武王二年（前 309 年）"初置丞相"事，前者还记载："樗里疾、甘茂为左右丞相。""初置丞相"是对后世有长久影响的重要的政制发明。

秦武王"伐义渠""窥周室"，都成为后来秦昭襄王时"宰割天下，分裂河山"的历史先声。

第三，秦坚持的兼并列国，力争统一的努力，符合历史进步的方向。在战国时期，向往统一已经成为比较普遍的社会意识。

"大一统"理想的提出，是以华夏文明的突出进步和我们民族文化共同体的初步形成作为历史基础的。

对于"大一统"实现的方式，《孟子·梁惠王上》记录了孟子的观点。对于天下怎样才能安定这一问题，孟子回答说："定于一。"

当对方问道谁能够实现统一时，孟子回答："不嗜杀人者能一之。"另外，孟子还强调说，"夫国君好仁，天下无敌。"（《孟子·离娄上》）"仁人无敌于天下。"（《孟子·尽心下》）

孟子推崇的王道的核心，是以"德"统一天下。然而因秦人的努力成为历史事实的统一，则是通过战争手段实现的。

战国时期百家争鸣，而各学术流派的思想家论著均多见"天下"语汇的使用，体现出倾向统一的共同意识。

在对秦政影响最为深刻的《韩非子》一书中，"天下"一词出现最为频繁，多达 261 次。

"制天下""取天下""兼天下""王天下""治天下""一匡天下""诏令天下""为天下主"等文字，都体现出对统一的强烈追求。

以《史记·范雎蔡泽列传》记载范雎上书秦昭襄王文字为例，在仅仅 360 余字的篇幅中，说到"天下名器"，以及"天下有明主""明主""圣主"计 5 次。这也体现出宣太后时代秦国执政集团与上层社会政治意识中"天下"的地位。

第四，秦在向东发展的历史进程中，逐步重视接受东方文化的影响。

我们看到，《商君书》中对东方道德文化符号"廉"予以严厉的排斥。从《商君书》中可以判定为商鞅时代作品的内容看，秦政治主导力量曾经对东方政治道德主题"廉"取坚定的否定态度。这应当是商鞅变法时主流意识形态的体现。这一文化态度，后来逐步发生了变化。在《韩非子》和《吕氏春秋》中已经体现出，秦政治文化体系吸纳了"廉"的原则。而从《商君书》到《韩非子》的文献学史的间隔，正好大致经历了宣太后时代。

从《商君书》中可以看到作者对"廉"的否定。如《商君书·农战》写道："《诗》、《书》、礼、乐、善、修、仁、廉、辩、慧，国

有十者，上无使守战。国以十者治，敌至必削，不至必贫。国去此
十者，敌不敢至；虽至，必却；兴兵而伐，必取；按兵不伐，必
富。"高亨释"廉"为"廉洁"："《诗》、《书》、礼、乐、善良、贤
能、仁慈、廉洁、辩论、慧慧，国家有这十样，君上就无法使人民
守土和战争。朝廷用这十样来治民，敌人一来，国土就必被侵削；
敌人不来，国家也必定贫穷。国家去掉这十样，敌人就不敢来；即
使来了，也必定败退；兴兵去攻打别国，就必定取得他的土地；按

兵不动，国家也必定富饶。"

这里列举的"十"，是以儒学为主包括东方其他学派的文化特征。不过，直接以"廉洁"释"廉"，也许并不十分贴切。《商君书·去强》也有大致类似的表述："国有礼有乐，有《诗》有《书》，有善有修，有孝有弟，有廉有辩——国有十者，上无使战，必削至亡；国无十者，上有使战，必兴至王。国以善民治奸民者，必乱至削；国以奸民治善民者，必治至强。"此"十者"与《农战》篇的"十者"并不完全相同，增加了"孝""弟"，而缺"仁""慧"。但是对"廉"，是共同否定的。

对于臣民的道德行为导向，《商君书·赏刑》有涉及"廉"的态度鲜明的表述："所谓壹教者，博闻辩慧，信廉礼乐，修行群党，任誉清瘗，不可以富贵，不可以评刑，不可独立私议以陈其上。"高亨译文，依然以"廉洁"解释"廉"："所谓统一教育，就是人们虽然见闻多，能辩论，有智慧，诚实，廉洁，懂礼乐，修品德，结党羽，行狭义，有声名，清高；可是朝廷不准许凭借这些取得富贵；不准许根据这些批评刑罚；不准许拿独特的私议对君上陈诉。"高亨认为《赏刑》篇"是作者献给国君的书奏，作者自称'臣'，可证"。

高亨判定"有明证""可认为商鞅所撰"的《商君书·靳令》

篇，其中说到"六虱"，也就是严重危害国家社会的六种现象，"无六虱，必强"，"有六虱，必弱"。在关于坚决抵制"六虱"的文字中，说到了"廉"，"六虱：曰礼、乐；曰《诗》、《书》；曰修善；曰孝弟；曰诚信；曰贞廉；曰仁、义；曰非兵；曰羞战"。国家有这些现象，则执政者不能领导民众发展农耕、从事征战，国家不免贫弱，为外敌侵犯："上无使农战，必贫至削。"这些现象集中出现，则行政难以有效，"君之治不胜其臣，官之治不胜其民"，这就是所谓"六虱胜其政也"。

而"贞廉"，是明确列于"六虱"之中的。

如果我们将这一迹象看作商鞅时代明确的有关"廉"的政治道德导向的表现，应当是适宜的。与此形成鲜明对照的是战国时期东方六国对"廉"的推崇达到了新的历史高度。

不过，对秦政有重要影响的《韩非子》一书作为法家思想集大成者，其中已经可以看到明朗的对"廉"的正面肯定。

《吕氏春秋》可以看作吕不韦对统一秦帝国绘制的政治文化蓝图，其中也明确表彰"廉"。

秦统一后，秦始皇东巡刻石对"廉"的宣传体现出鲜明的政治倾向。在秦始皇和秦二世言谈中，"廉"均显示褒奖涵义，睡虎地秦简《为吏之道》中也积极倡导以"廉"为原则的政治道德。

在秦史中，从商鞅时代到秦始皇时代"廉"的翻覆性变化，值得我们注意。考察以"廉"为标本的秦政治道德导向，应当有益于深化对秦政治文化历史转变的认识。

对"廉"的道德取向的变化，大致可以体现出三个方面的问题：（1）秦在与东方文化的竞争中逐步洗刷游牧生活传统，在政治道德层面秦文化与东方文化在妥协基点上的融合；（2）秦帝国执政者对商鞅"刻薄"偏执的行政倾向的修正；（3）秦在向东进取的历程中，逐步接受了东方文化的若干影响。

秦在逐步东进，推动兼并的战争进程中，曾经发生对新征服的地方只控制其土地，而将原有居民尽行驱逐的情形。史书记载称作"出其人"或者"归其人"。

有记载表明，对这样的地区，又有"募徒""赐爵""赦罪人迁之"予以充实的政策。这种特殊的移民方式，可能体现新占领区居民与秦人极端敌对的情绪，以及因此导致的秦军政长官对新占领区居民的不信任心态。而秦史中确实可以看到这种敌对心理引致沉痛行政教训的实例。

序号	公元纪年	战国纪年	史事	出处
（1）	前 330 年	秦惠王八年	爵樗里子右更，使将而伐曲沃，尽出其人，取其城，地入秦。	《史记》卷七一《樗里子甘茂列传》

续前表

序号	公元纪年	战国纪年	史事	出处
（2）	前325年	秦惠文王十三年	使张仪伐取陕，出其人与魏。	《史记》卷五《秦本纪》
（3）	前314年	魏哀王五年	秦拔我曲沃，归其人。	《史记》卷一五《六国年表》
（4）	前286年	秦昭襄王二十一年	（司马）错攻魏河内。魏献安邑，秦出其人，募徙河东赐爵，赦罪人迁之。	《史记》卷五《秦本纪》

　　葛剑雄等著《简明中国移民史》重视上述（2）（4）两史例："在战国后期秦国取得别国的领土后，有时还将原来居民驱逐，而代之以本国移民。如惠文王十三年（前325年）攻下魏国的陕后，'出其人与魏'；昭襄王二十一年（前286年）获得魏国所献的安邑后，也'出其人'，另外'募徙河东赐爵，赦罪人迁之'。"葛剑雄等还强调，"当时已经开始实行奖励，招募移民的政策以及罪犯可以迁移边区抵罪的制度"有创新的意义。（参见葛剑雄、曹树基、吴松弟：《简明中国移民史》，48页，福州，福建人民出版社，1993）

　　据《史记·白起王翦列传》记载，苏代在与秦相应侯即范雎的对谈中说道："秦尝攻韩，围邢丘，困上党，上党之民皆反为赵，天下不乐为秦民之日久矣。"白起对上党教训的回顾，即所谓"前秦已拔上党，上党民不乐为秦而归赵"，有"赵卒反覆"以及"非尽杀之，恐为乱"的判断。这应当是长平杀降四十万人的重要心理动因。

所谓"不乐为秦"，"天下不乐为秦民"的态度，意识背景是东方六国人对秦长期的鄙视和敌视。

《史记·秦本纪》写道："周室微，诸侯力政，争相并。秦僻在雍州，不与中国诸侯之会盟，夷翟遇之。"指出东方各国将秦看作夷狄。

《史记·六国年表》有"秦杂戎翟之俗"的说法，体现了东方人对秦民俗构成中多有戎狄基因的认识。《史记·魏世家》："秦与戎翟同俗。"《史记·商君列传》："秦戎翟之教。"则是更极端的表述。

《史记·天官书》写道：秦，"夷狄也"。直接将秦指为"夷狄"。

此外，东方列国人对秦的凶暴持排斥态度。

《史记·赵世家》说到"秦暴"。《史记·郦生陆贾列传》则有"暴秦"之说。而《史记·苏秦列传》所谓"秦之行暴"，《史记·刺客列传》所谓"秦王之暴"，也都透露出东方人政治文化意识中对于"秦暴"的敌意。

秦人以凌厉兵锋体现出来的进取精神，又被指责为"贪""贪鄙""贪戾"。

《史记·刺客列传》可见"秦王贪"的说法。《史记·秦始皇本纪》：

"秦王怀贪鄙之心。"《史记·穰侯列传》也说："秦，贪戾之国也。"

"虎狼之秦"，也是东方人常常使用的对秦文化风格的比喻。见于《史记·苏秦列传》记载的苏秦说魏襄王语，《史记·苏秦列传》记载的苏秦说楚威王语。

"秦，虎狼之国"也频繁见于战国时期东方人的言谈。例如，《史记·苏秦列传》所见楚威王语，《史记·樗里子甘茂列传》所见游腾说楚王语，《史记·孟尝君列传》所见苏代谓孟尝君语，《史记·屈原贾生列传》所见屈平谏楚怀王语，都有这样的说法。

《史记·楚世家》记载昭睢说："秦虎狼，不可信。"又《史记·魏世家》记载，信陵君对魏王说："秦与戎翟同俗，有虎狼之心，贪戾好利无信，不识礼义德行。苟有利焉，不顾亲戚兄弟，若禽兽耳……""戎狄""虎狼""禽兽"等詈骂语，都体现了东方人对秦的排斥。信陵君的激烈言论，对于我们讨论秦人占领魏地"出其人""归其人"现象，有重要的参考价值。

回顾历史，秦国在扩张领土的过程中所施行的对新区的统治政策，有得有失。而秦对于巴蜀的政策，应当说是比较成功的。秦惠文王更元九年（前316年），张仪、司马错和都尉墨等率军攻伐蜀国，很快就在蜀地建立了稳固的统治。秦昭襄王时期和巴人订立了盟约，宣布对当地原有的经济形式和风俗习惯都不以强力进行干涉和变革，致使"夷人安之"（《后汉书·南蛮传》）。后来，巴人和蜀人都参加了秦军征服楚地的战役，并且有效地承担了伐楚的部分军需供应。

面对兼并战争中遇到的"民不乐为秦""天下不乐为秦民"等问题，开明的政治设计者提出了"徕民"的主张。相关建议首先针对三晋地区。《商君书·徕民》："今三晋不胜秦四世矣，自魏襄以来，野战不胜，守城必拔，小大之战，三晋之所亡于秦者，不可胜数也。若此而不服，秦能取其地，而不能夺其民也。"论者分析："今秦之地，方千里者五，而谷土不能处什二，田数不满百万，其薮泽谿谷名山大川之材物货宝，又不尽为用，此人不称土也。秦之所与邻者，三晋也；所欲用兵者，韩魏也。彼土狭而民众，其宅参居而并处，其宾萌贾息。民上无通名，下无田宅，而恃奸务末作以处。人之复阴阳泽水者过半。此其土之不足以生其民也，似有过秦民之不足以实其土也。意民之情，其所欲者，田宅也；而晋之无有也信，秦之有余也必，如此而民不西者，秦士戚而民苦也。"随即建议："今利其田宅，复之三世。此必与其所欲，而不使行其所恶也。然则山东之民无不西者矣。"

《商君书·徕民》所谓"四世战胜，而天下不服"，正是不得不"出其人""归其人"的原因。高亨考论《徕民》篇"是作者献给秦王的书奏"，"但决不是商鞅所作"。又指出，"篇中提到魏襄王及周军、华军、长平三次战争"，可见"徕民"政策是在秦统一战争中提

出并得以实施，又取得成效的。前引"出其人""归其人"史例后来
不再出现，或许体现了"徕民"政策的逐步成功。长平之战时，秦
昭襄王亲自前往河内，"王自之河内，赐民爵各一级，发年十五以上
悉诣长平，遮绝赵救及粮食"（《史记·白起王翦列传》），可以看作
谋求"战胜"同时避免"天下不服"的努力。

　　大致在宣太后时代，秦帝业的基础已经奠立。以往"秦能取其
地，而不能夺其民"的情形已经从根本上改变。

　　秦逐渐接近东方文化的具体的例证，还有上文说到的宣太后执
政时，秦昭襄王九年（前 298 年），"孟尝君薛文来相秦"事，这是
秦国引入东方人才推动行政进步的特例。

10.
性情『芈八子』

　　《史记·匈奴列传》说："秦昭王时，义渠戎王与宣太后乱，有二子。宣太后诈而杀义渠戎王于甘泉，遂起兵伐残义渠。"《后汉书·西羌传》记载："及昭王立，义渠王朝秦，遂与昭王母宣太后通，生二子。至王赧四十三年，宣太后诱杀义渠王于甘泉宫，因起兵灭之，始置陇西、北地、上郡焉。"同时又叙说了秦与义渠关系史的背景：东周以来，"中国无戎寇，唯余义渠种焉"。而多次"义渠侵秦"，"义渠败秦师"战事，也在秦史中留下了深刻记忆。宣太后既能够放纵私情而毫不避忌对方的异族身份，又能够断然以所谓

"诈而杀"或说"诱杀"的方式，即利用情感力量结束情爱对象的生命，以谋取军事胜利。

个人情思在与国家政治的权衡中不惜决意斩断。作为王族女子，其性格的奇悍令人惊异。

对于宣太后"杀义渠戎王"又"起兵伐残义渠"，马非百在《秦集史》中曾经有如下评论："宣太后以母后之尊，为国家歼除顽寇，不惜牺牲色相，与义渠戎王私通生子。谋之达三十余年之久，始将此二百年来为秦人腹心大患之敌国巨魁手刃于宫廷之中，衽席之上。然后乘势出兵，一举灭之，收其地为郡县，使秦人得以一意东向，无复后顾之忧。此其功岂在张仪、司马错收取巴蜀下哉！吾观范雎入秦，待命岁余。昭王谓雎云：'寡人宜以身受命久矣。会义渠之事急，寡人早暮自请太后。今义渠之事已，寡人乃得受命。'日夜请事太后，至于岁余，接见宾客，亦无暇晷。当日秦廷君臣同仇敌忾情绪之高，可以想见。"（马非百：《秦集史》，108 页，北京，中华书局，1982）

"为国家歼除顽寇，不惜牺牲色相"的说法，"谋之达三十余年之久"的说法，可能都不尽符合宣太后情感生活的真实经历。"通"，"乱"，而"生二子"或说"有二子"，不能排除体验真爱的可能。

在回顾这个故事的时候我们还应当注意到，宣太后可能的婚嫁年代应当大致与"魏夫人来"即惠文后入秦的秦惠文王四年（前

电视剧《芈月传》剧照

334 年）相当或者稍后。"诱杀义渠王"的周赧王四十三年（前 272 年）距离此时已经有 62 年之久。也就是说，她最终解决"义渠之事"时，已经是年近八旬的老妪。注意这样的背景，或许可以较好地理解她的冷静、多谋与果决。

不仅义渠王与宣太后的"通"与"乱"引起史家关注，历史文献还保留了宣太后其他相关事迹。

《战国策·秦策二》有"秦宣太后爱魏丑夫"条，其中写道："秦宣太后爱魏丑夫。太后病将死，出令曰：'为我葬，必以魏子为殉。'"魏丑夫深为忧虑。庸芮为他劝说太后："以死者为有知乎？"太后说："无知也。"庸芮说："若太后之神灵，明知死者之无知矣，何为空以生所爱，葬于无知之死人哉！若死者有知，先王积怒之日久矣，太后救过不赡，何暇乃私魏丑夫乎？"于是："太后曰：'善。'乃止。"宣太后与魏丑夫有私情，病重临终时，出令宣布：安葬时必须以魏丑夫殉葬。庸芮以死者是否"有知"劝谏宣太后放弃这一决定。他所谓"若死者有知，先王积怒之日久矣，太后救过不赡，何暇乃私魏丑夫乎"，说服了宣太后，也明白指出了对于"先王"，宣太后个人情感早已溢出礼制约束尺度的事实。这个故事告诉我们，宣太后个人私爱，全不避外人。死后依然专宠其"生所爱"，强行"为殉"的要求，竟然是以"令"即正式行政指示的形式发布的。

又如《韩策二》"楚围雍氏五月"条记载："楚围雍氏五月。韩令使者求救于秦，冠盖相望也。"而秦军临近战场的部队依然按兵不动。"韩又令尚靳使秦，谓秦王曰：'……臣闻之，唇揭者其齿寒，愿大王之熟计之。'"尚靳对"秦王"所说的话为宣太后得知并得到认可，她说："使者来者众矣，独尚子之言是。"于是"召尚子入"。宣太后对尚靳说："妾事先王也，先王以其髀加妾之身，妾困不疲也；尽置其身妾之上，而妾弗重也，何也？以其少有利焉。今佐韩，兵不众，粮不多，则不足以救韩。夫救韩之危，日费千金，独不可使妾少有利焉。"宣太后以性爱动作比喻的异常言辞，直接介入外交会谈，在历史记载中是绝无仅有的。

清王士禛《池北偶谈》卷二一写道："此等淫亵语，出于妇人之口，入于使者之耳，载于国史之笔，皆大奇。"宣太后有关性情的特殊表现，确实堪称"大奇"。这或许可能与社会风尚方面"秦与戎翟同俗"（《史记·魏世家》）有关。

《史记·商君列传》记录了商鞅的说法："始秦戎翟之教，父子无别，同室而居。"商鞅新法，方才"更制其教，而为男女之别"。秦国上层仍然有男女"私通"现象。《史记·吕不韦列传》记载，"秦王年少，太后时时窃私通吕不韦。"这种情爱关系延续长久，以致又横生枝节，甚至影响了政治生活："始皇帝益壮，太后淫不止。吕不韦恐觉祸及己，乃私求大阴人嫪毐以为舍人，时纵倡乐，使毐以其阴关桐轮而行，令太后闻之，以啖太后。太后闻，果欲私得之。

吕不韦乃进嫪毐，诈令人以腐罪告之。不韦又阴谓太后曰：'可事诈腐，则得给事中。'太后乃阴厚赐主腐者吏，诈论之，拔其须眉为宦者，遂得侍太后。太后私与通，绝爱之。有身，太后恐人知之，诈卜当避时，徙宫居雍。嫪毐常从，赏赐甚厚，事皆决于嫪毐。"嫪毐凭借特殊能力以宦者身份入宫，专门给太后提供性服务，成为秦史丑闻。

而宣太后的出身地楚国，也同样是"诸侯远我"的"僻陋之国"。秦始皇会稽刻石"防隔内外，禁止淫泆，男女絜诚"（《史记·秦始皇本纪》），以及睡虎地秦简《语书》批评"乡俗淫失（泆）之民不止"，"长邪避（僻）淫失（泆）之民，甚害於邦，不便於民"，要求"去其淫避（僻），除其恶俗"等文字作为楚地民俗史料的意义，都值得我们重视。这些政府正式文告都强调地方风俗"淫泆"的风格已经造成行政难题。应当认识到，这是统一大方向下"行同伦"（《礼记·中庸》引子曰）文化史进程中短暂的局部的现象，但是所反映的战国以来区域风俗史的实况，是不宜否认的。

此外，我们都记得汉武帝"盖有非常之功，必待非常之人，故马或奔踶而致千里，士或有负俗之累而立功名"（《汉书·武帝纪》）的名言。宣太后或许正是"大奇"之人创"大奇"之功。我们似乎可以在认识她所"立"政治"功名"的同时，理解她情爱方面的"负俗之累"。

战国时期少数民族分布与迁徙

注：图示秦地少数民族主要为：羌（义渠、貔戎、析支）、氐。楚地少数民族主要为：荆楚、杨越等。参见国家地图集编纂委员会编：《中华人民共和国国家历史地图集》，第 1 册，13 页，北京，中国地图出版社、中国社会科学出版社，2012。

11.
拭去『芈月』脸上的油彩

电视连续剧《芈月传》以宣太后为模型，塑造了一个多彩的历史形象。"芈月"为许多观众所喜爱。不过，借用庸芮劝谏宣太后的话，"若死者有知"，宣太后是否认同后人以21世纪的艺术形式对自己的复原式表现呢？

许多关注《芈月传》的热心网友，对这部电视剧中的人物、情节、语言，以至服装、道具等提出了许多意见甚至质疑。

电视连续剧《芈月传》可以说取得了值得称羡的成功。相当高的收视率，观众茶余饭后的谈论，街头巷尾的品评，网民的热烈争议，媒体的高温炒作，使得人们对战国史的兴趣得以提升。这是从事相关学术研究的人们深心高兴的事。而讨论中涉及的一些问题，也促使历史学者对相关若干历史文化现象进行更深层次的思考。其中有的疑问，可以借助我们现有的知识有所澄清。

■ 商鞅之死

对于商鞅被秦惠文王处死的情节，有的朋友提出了这样的问题：商鞅是车裂处死还是死后受车裂之刑？

《史记·秦本纪》有对于商鞅之死的明确记载："孝公卒，子惠文君立。是岁，诛卫鞅。鞅之初为秦施法，法不行，太子犯禁。鞅曰：'法之不行，自于贵戚。君必欲行法，先于太子。太子不可黥，黥其傅师。'于是法大用，秦人治。及孝公卒，太子立，宗室多怨鞅，鞅亡，因以为反，而卒车裂以徇秦国。"说到"诛卫鞅"，又说到"车裂以徇秦国"。"诛"有指责、索求、惩罚、征讨、杀戮、除去、记述等义。这里"诛卫鞅"的"诛"，显然是指杀戮。"车裂"是"诛"的具体形式。而《史记·商君列传》写道："秦孝公卒，太子立。公子虔之徒告商君欲反，发吏捕商君。商君亡至关下，欲舍客舍。客人不知其是商君也，曰：'商君之法，舍人无验者坐之。'商君喟然叹曰：'嗟乎，为法之敝一至此哉！'去之魏。魏人怨其欺公子卬而破魏师，弗受。商君欲之他国。魏人曰：'商君，秦之贼。

秦强而贼入魏，弗归，不可。'遂内秦。商君既复入秦，走商邑，与
其徒属发邑兵北出击郑。秦发兵攻商君，杀之于郑黾池。秦惠王车
裂商君以徇，曰：'莫如商鞅反者！'遂灭商君之家。"《资治通鉴》
卷二"周显王三十一年"："秦孝公薨，子惠文王立。公子虔之徒告
商君欲反，发吏捕之。商君亡之魏，魏人不受，复内之秦。商君乃
与其徒之商於，发兵北击郑。秦人攻商君，杀之，车裂以徇，尽灭
其家。"胡三省注："车裂，古之轘刑。"

对照《秦本纪》和《商君列传》两种说法，前者言"车裂"，后
者言先"杀之于郑黾池"，而后"秦惠王车裂商君以徇"。《资治通
鉴》取用后说，写作"杀之，车裂以徇"。大致先处死，后"车裂以
徇"的记载是准确的。

我们注意秦史中其他"车裂"之例，如《史记·秦始皇本纪》
记载嫪毒等被处死情境："毒等败走。即令国中：有生得毒，赐钱百
万；杀之，五十万。尽得毒等。卫尉竭、内史肆、佐弋竭、中大夫
令齐等二十人皆枭首。车裂以徇，灭其宗。"也是先"枭首"，然后
"车裂以徇"。而张守节《正义》引《说苑》说到茅焦劝谏秦始皇语，
只说"车裂"："秦始皇太后不谨，幸郎嫪毒，始皇取毒四支车裂之，
取两弟扑杀之，取太后迁之咸阳宫。下令曰：'以太后事谏者，戮而
杀之，蒺藜其脊。'谏而死者二十七人。茅焦乃上说曰：'齐客茅焦，
愿以太后事谏。'皇帝曰：'走告若，不见阙下积死人耶？'使者问

焦。焦曰：'陛下车裂假父，有嫉妒之心；囊扑两弟，有不慈之名；迁母咸阳，有不孝之行；蒺藜谏士，有桀纣之治。天下闻之，尽瓦解，无向秦者。'王乃自迎太后归咸阳，立茅焦为傅，又爵之上卿。"所谓"车裂假父"，强调对嫪毐的行刑方式是"车裂"。大约能够引起强烈视觉冲击力的"车裂"形式，可以导致执行者期望的社会影响。这就是"徇"的意义。

《史记·秦始皇本纪》有"吾读《秦纪》，至于子婴车裂赵高，未尝不健其决，怜其志"的话。而关于赵高之死，又明确记载："子婴遂刺杀高于斋宫，三族高家以徇咸阳。"也应当是先"刺杀"，随后"车裂""以徇"。

另外，《史记·陈涉世家》记载："初，陈王至陈，令铚人宋留将兵定南阳，入武关。留已徇南阳，闻陈王死，南阳复为秦。宋留不能入武关，乃东至新蔡，遇秦军，宋留以军降秦。秦传留至咸阳，车裂留以徇。"农民暴动首领宋留"降秦"后被杀害，《史记》只说"车裂"。

推想所谓"车裂"之刑，可能有车裂处死和死后车裂示众两种情形。商鞅之死，或许应当是后一种情形。

■ 芈月与黄歇的恋情

芈月与黄歇，就现有历史知识而言，存在生活年代的差距。这

电视剧《芈月传》剧照

其实是剧作家在阅读许多历史资料之后已经考虑到的情形。现在的处理方式，应当主要是从剧中情节设计的艺术追求出发。讨论相关剧情的合理性，也许应当考虑到两个问题。

第一，历史文献也可能出现年代的差误。

长沙马王堆 3 号汉墓出土了大批西汉初年的帛书古佚书，其中包括战国重要史料《战国纵横家书》。唐兰先生研究这一重要出土文献，在《司马迁所没有见过的珍贵史料——长沙马王堆帛书〈战国纵横家书〉》一文中指出了经过比照发现的司马迁记述的年代错误。其中涉及历史人物活动年代的先后差异。他写道："关于苏秦的年代，我在 1941 年曾推断他在张仪之后，与齐秦称帝同时。杨宽同志在 1955 年写的《战国史》，徐中舒同志在 1964 年的论文，都有类似的意见，现在发现了真正的《苏秦书》，时代问题已经得到证实了。《史记·苏秦传》说苏代是苏秦之弟，事实上苏代当是兄……苏代游说诸侯较早，在前四世纪末期，已往来于楚魏燕齐各国，苏秦的事迹要晚得多。帛书第二十二章《谓陈轸》说：'齐宋攻魏，楚围翁是，秦败屈丐。'这个游说之士自称其名为秦，显然是苏秦。《史记》改成苏代说田轸，是由于齐宋攻魏，在前 312 年，照司马迁的错误年代，苏秦早已死了，就不得不改为苏代。其实，苏代此时早就显名于诸侯，决不会立在门前，听到一些传闻之辞，就来请谒陈轸的。而苏秦年纪还轻，还没有知名，所以尊称陈轸为'公'。陈轸与张仪相恶，苏秦的游说是迎合他的心意的。此时的张仪早已相秦、相魏、相楚，再过两年就死了。《史记》说苏秦挂六国相印后，才激怒贫困的张仪，使他入秦。一直到苏秦死后，张仪才搞连横。这显然是战国末年把范雎改名为张禄入秦为相的故事，误传为张仪而写成小说家言，而司马迁却误信为真了。战国末年学纵横之术的好事者曾拟作苏秦合纵和张仪连横十多篇，文笔颇酣畅可喜。这些伪作，充塞于《史记》和《战国策》中，把真正的苏秦事迹都搅混乱了。两千年来，迷惑了无数读者，尽管其中有很多可疑之处，也无法搞清楚。"唐兰先生指出："帛书《战国纵横家书》的发现，为苏秦的历史提出了可靠的资料。"（马王堆汉墓帛书整理小组：《战国纵横家书》，129～130 页，北京，文物出版社，1976）苏代和苏秦生活年代错乱的情形，战国人物故事中可能还存在。

　　第二，艺术作品中历史人物的年龄表现，有时会因主题的需要而失真。对这种情形，或许应当取某种宽容的态度。毛泽东是一位对历史非常熟悉的政治家，他对于历史主题的文学作品也比较关心。1958 年 11 月，他在一次谈话中说："《三国演义》是小说，《三国志》是史书，二者不可等同视之。若说生动形象，当然要推演义；若论真实性，就是说更接近历史真实，罗贯中的《三国演义》就不如陈寿的《三国志》罗！"他说："比如，旧戏里诸葛亮是须生，而周瑜是小生，显然诸葛亮比周瑜年纪大。这可能是来源于演义。而

在《三国志》上记载周瑜死时三十七岁，那时诸葛亮才三十岁，即
比周瑜小七岁。"（盛巽昌编著：《毛泽东和"三国"》，75 页，上海，
文汇出版社，1995）小说和戏曲中人物年龄处理与历史真实的差误，
人们长期以来都接受了。

■ 服装色彩

关于"芈月"及相关人物的造型引起了若干争议。比如我们看
到，人们就《芈月传》剧中人物的服装颜色是否过于亮丽、衣服材
质是否现代感过强、是否因此丧失了历史感提出了问题。

我们知道，在宣太后之后，著名的嫁为秦妇的楚女，又有成为
秦孝文王后的华阳夫人。秦孝文王是秦昭襄王的继承人。吕不韦进
行政治投资，支持异人谋求继承王位的机会。他让异人穿"楚服"
谒见"无子"的华阳夫人，果然博得其欢心："不韦使楚服而见。王
后悦其状，高其知，曰：'吾楚人也。'而自子之，乃变其名曰
'楚'。"异人"楚服而见"直接与"王后悦其状"并更其名为"子
楚"相关。汉代学者高诱解释"楚服"说，即"盛服"，"以王后楚
人，故服楚制以说之。"衣"楚服"也就是"盛服"，可以撩动离乡
已久的楚女的乡愁，我们由此解说得到的直接的认识，是因为楚人
有喜好华丽服饰的风习。而以鸟羽为饰的形式，在秦汉史迹中仍然
可以发现实证。

电视剧《芈月传》剧照

■ 鸟羽为饰

对于楚人以禽鸟羽毛为饰，是否符合史实，也是《芈月传》播放之后观众提出的疑问之一。

以鸟羽为饰，是有悠久传统的风习。何晏《景福殿赋》："流羽毛之威蕤，垂环玭之琳琅。"李善注："言宫室以羽毛为饰。"以鸟羽装饰车盖，称"羽盖"，见于《周礼·春官·巾车》。帝王仪仗的华盖以鸟羽装饰，称"羽葆"。《汉书·韩延寿传》："建幢棨，植羽葆。"颜师古注："植亦立也。羽葆，聚翟尾为之，亦今纛之类也。"作为旗帜的装饰材料，又可见《左传·襄公十四年》杜预注所谓"析羽为旌"。就服饰而言，以鸟羽制作的披肩称"羽帔"，佩带称"羽佩"。《墨子·非乐上》说到"蜚鸟"的功用，包括"因其羽毛，以为衣裘"。《史记·封禅书》说到"使使衣羽衣"。《汉书·郊祀志上》："五利将军亦衣羽衣。"颜师古注："羽衣，以鸟羽为衣，取其神仙飞翔之意也。"曹植《平陵东行》有"被我羽衣乘飞龙"句。以鸟羽制成的所谓"羽扇"，明确见于记录楚地风习的文献。晋人陆机《羽扇赋》："昔楚襄王会于章台之上，山西与河右诸侯在焉。大夫宋玉、唐勒侍，皆操白鹤之羽以为扇。诸侯掩麈尾而笑。襄王不悦。宋玉趋而进曰：'敢问诸侯何笑？'"随后有"山西与河右诸侯"与宋玉关于鸟羽为扇的讨论。对于"顾奚取于鸟羽"的质问，宋玉有"未若兹羽之为丽，固体俊而用鲜"，"伊兹羽之骏敏，似南箕之启扉；垂皓曜之弈弈，含鲜风之微微"，"皆委扇于楚庭，执鸟羽而言归"的回答。"属唐勒而为之乱曰：伊鲜禽之令羽，夫何翩翩与眇眇。反寒暑于一堂之末，回八风乎六翮之杪。"从这篇赋作看，以"鸟羽"为扇，是楚人的发明。

以鸟羽为头饰，见于汉代文学家王粲的《神女赋》。其中写道："施华的兮结羽钗。"所谓"羽钗"，是装饰翠羽的钗。唐人孟浩然《庭橘》诗有"骨刺红罗被，香粘翠羽簪"句，这是形容橘的诗作，但是"翠羽簪"的说法也可以作为我们讨论鸟羽头饰的参考。只是这是比较晚的资料了。

以鸟羽为饰的形式，在秦汉史迹中仍然可以发现实证。如李斯《谏逐客书》："今陛下致昆山之玉，有随、和之宝，垂明月之珠，服太阿之剑，乘纤离之马，建翠凤之旗，树灵鼍之鼓。此数宝者，秦不生一焉，而陛下说之，何也?"（《史记·李斯列传》）所谓"翠凤之旗"，就是用"翠凤"羽毛装饰的旗帜，如前说"析羽为旌"情形。《史记·范雎蔡泽列传》："……且夫翠、鹄、犀、象，其处势非不远死也，而所以死者，惑于饵也。"捕杀"翠、鹄"，应是为了取其羽毛。里耶秦简可见"求羽""捕羽""求翰羽""捕鸟及羽""捕白翰羽""买羽""买白翰羽""卖白翰羽""羽赋"简文，说明了楚地鸟羽的消费需求，以及鸟羽进入市场的情形。

电视剧《芈月传》剧照

■ 芈姝

对于"芈姝"楚女的身份，也有质疑的声音。

据秦史专家马非百考论，宣太后平定秦内乱时，"……及惠文后皆不得良死"者，"此惠文后乃楚女，与《穰侯传》后生武王为魏女者不是一人"（马非百：《秦集史》，64 页，北京，中华书局，1982）。参考这样的意见，则《芈月传》中芈姝的人物塑造也并非全无根据。

■ 劓美人：体臭？口臭？

我们看到对《芈月传》中张仪形象的分析："在《芈月传》中，为了渲染张仪'小人'、'不择手段'的性格特点，编剧将魏美人受劓刑的根由安到了张仪身上。"（李翔：《张仪与苏秦，奔走四方的策士们》，载《三联生活周刊》，2015（51））对于这个故事的具体情节，也有澄清的必要。

《韩非子》记述的楚王"劓美人"的故事，在这部书中两次出现。《韩非子·内储说下》所说细节不一，一为"掩口"，一为"掩鼻"："荆王所爱妾有郑袖者。荆王新得美女，郑袖因教之曰：'王甚喜人之掩口也，为近王，必掩口。'美女入见，近王，因掩口，王问其故，郑袖曰：'此固言恶王之臭。'及王与郑袖、美女三

电视剧《芈月传》剧照

人坐，袖因先诫御者曰：'王适有言，必亟听从。'王言美女前，近王，甚数掩口，王悖然怒曰：'劓之。'御因揄刀而劓美人。一曰。魏王遗荆王美人，荆王甚悦之，夫人郑袖知王悦爱之也，亦悦爱之，甚于王，衣服玩好择其所欲为之，王曰：'夫人知我爱新人也，其悦爱之甚于寡人，此孝子所以养亲，忠臣之所以事君也。'夫人知王之不以己为妒也，因为新人曰：'王甚悦爱子，然恶子之鼻，子见王，常掩鼻，则王长幸子矣。'于是新人从之，每见王，常掩鼻，王谓夫人曰：'新人见寡人常掩鼻何也？'对曰：'不己知也。'王强问之，对曰：'顷尝言恶闻王臭。'王怒曰：'劓之。'夫人先诫御者曰：'王适有言，必可从命。'御者因揄刀而劓美人。"《韩非子·内储说下》于是有"郑袖言恶臭而新人劓"的说法。其中关于"美女""美人""掩口""掩鼻"动作的缘由，都说"恶臭""恶闻王臭"。

这一故事又见于《战国策·楚策四》"魏王遗楚王美人"条："魏王遗楚王美人，楚王说之。夫人郑袖知王之说新人也，甚爱新人。衣服玩好，择其所喜而为之；宫室卧具，择其所善而为之。爱之甚于王。王曰：'妇人所以事夫者，色也；而妒者，其情也。今郑袖知寡人之说新人也，其爱之甚于寡人，此孝子之所以事亲，忠臣之所以事君也。'郑袖知王以己为不妒也，因谓新人曰：'王爱子美矣。虽然，恶子之鼻。子为见王，则必掩子鼻。'新人见王，因掩其鼻。王谓郑袖曰：'夫新人见寡人，则掩其鼻，何也？'郑袖曰：'妾

电视剧《芈月传》剧照

知也。'王曰：'虽恶必言之。'郑袖曰：'其似恶闻君王之臭也。'王曰：'悍哉！'令劓之，无使逆命。"也说"新人""掩其鼻"，是"恶闻君王之臭"。

《韩非子》记述的"恶臭""恶闻王臭"，以及《战国策》记述的"恶闻君王之臭"，容易被理解为体臭。

不过，《太平御览》卷三六七引《韩子》的文字是这样的："魏王遗楚美女，楚王悦之。夫人郑袖谓新人曰：'王甚爱子，然恶子鼻。见王常掩鼻，则王常幸子。'于是新人从之。王谓夫人曰：'新人见寡人常掩鼻，何？'对曰：'言恶闻王口臭。'王怒甚，因劓之。"这里明确说是"口臭"。对于人体生理史、卫生史和口腔医学史来说，这一故事提供了值得重视的信息。

■ 太后自称"朕"

太后是否可以自称"朕"，也是应当说明的问题。

大家都知道秦始皇确定"皇帝"称号的过程。《史记·秦始皇本纪》记载，统一实现之后，秦王政令丞相、御史："寡人以眇眇之身，兴兵诛暴乱，赖宗庙之灵，六王咸伏其辜，天下大定。今名号不更，无以称成功，传后世。其议帝号。"丞相王绾、御史大夫冯劫、廷尉李斯说："昔者五帝地方千里，其外侯服夷服诸侯或朝或否，天子不能制。今陛下兴义兵，诛残贼，平定天下，海内为郡县，法令由一统，自上古以来未尝有，五帝所不及。臣等谨与博士议曰：'古有天皇，有地皇，有泰皇，泰皇最贵。'臣等昧死上尊号，王为'泰皇'。命为'制'，令为'诏'，天子自称曰'朕'。"秦始皇决定，去掉"泰"字，保留"皇"字，再采用上古"帝"号，称"皇帝"。其他如王绾、冯劫、李斯等议。就是说，"天子自称曰'朕'"，成为确定的制度。

于是人们怀疑，宣太后是否可以"自称曰'朕'"。

其实，"朕"本来就是社会通行的表示第一人称的代词。《说文·舟部》："朕，我也。"《尔雅·释诂下》："朕……我也。"郭璞解释说："古者贵贱皆自称'朕'。"按照《说文》和《尔雅》的解说，大致在秦始皇称帝之前，"朕"曾经是社会"贵贱"人等共用的自我称谓。只是在秦始皇之后，"朕"成为皇帝专有的自称形式。

■ 母国

《芈月传》中出现有"母国"的说法。"母国"在对白中的语义，类同于我们今天常说的"祖国"。

在记载战国时期历史文化的文献中，曾经有过"母国"的称谓形式。但是当时所谓"母国"，语义并非"祖国"。

先秦有"父母国"的说法。《韩诗外传》卷三有这样的内容："故闻柳下惠之风，鄙夫宽，薄夫厚。至乎孔子去鲁，迟迟乎其行

也，可以去而去，可以止而止，去父母国之道也。"《孟子·万章下》
所见孟子的话，也有大致同样的内容："故闻柳下惠之风者，鄙夫
宽，薄夫敦。孔子之去齐，接淅而行；去鲁，曰：'迟迟吾行也。'
去父母国之道也。可以速而速，可以久而久，可以处而处，可以仕
而仕，孔子也。"这里所谓"父母国"，大致可以说近似于"祖国"。

在记述春秋战国的历史文献中，也可以看到"母国"这一语汇
的使用。《史记·晋世家》记载，晋国内乱，重耳仓皇出逃，"重耳
遂奔狄。狄，其母国也。"这里所谓"母国"，是说母亲的出生地，
与今天所谓"祖国"不同。重耳的"祖国"，毫无疑问应当是晋国。

这样说来，以"母国"替代"祖国"的做法，其实是不合适的。
《芈月传》对白中的"母国"改作"父母国"，或许比较妥当。

■ "芈月"姓名

有人说，"芈月"名字来自当时陶俑上发现的戳记文字。然而我
们知道，这种陶文，应当是"物勒工名，以考其诚"制度的体现。
就是在产品上标记制作者的名字，以便在质量出现问题时可以追究
责任，即所谓"功有不当，必行其罪，以穷其情"（《礼记·月令》）。
这种制度在战国时期通行。不过，陶俑身上的铭文通常只是标记工
匠姓名。即使这些陶俑是为某位死者随葬而制作，死者的姓名也应
当不会以这种形式在陶俑身上出现。

上文已经说过，先秦时期的姓氏制度比较复杂。有学者指出，先秦女子称姓的方式大约有近20种。基本的形式有：(1) 单称姓的形式，如"亢伯作姬宝鼎""郑大内氏叔上作妘媵匜"的姬、妘；(2) "氏＋姓"的形式，如薄姬、芮姜；(3) "字＋姓"的形式，如仲子、季妃；(4) "名＋姓"的形式，如妫鲁、姜虎；(5) "谥＋姓"的形式，如宣姜、怀嬴。关于芈姓，研究者写道："芈姓。祝融八姓之一，金文作。芈姓在文献中的人名例证有江夫人江芈、郑文公夫人文芈、楚昭王妹季芈畀我等，金文中则有江仲芈、嘉芈、孟芈等。芈姓国之代表为楚。"（参见张淑一：《先秦姓氏制度探索》，54页，108～111页，福州，福建人民出版社，2008）

**12.
历史与历史剧**

中国文化有特别重视历史的传统。在文学形式中，也有相应的体现。咏史诗、怀古诗、历史小说等，都有广泛的社会影响。而中国古代戏剧大部分取材于历史，也是明显的事实。

李长之在《司马迁之人格与风格》中写道："因为司马迁的《史记》富有那末些传奇的材料之故，也成了后来戏曲家的宝库……"他指出，现存的一百三十二种元剧中有十六种采取自《史记》故事。如郑廷玉《楚昭王》，高文秀《谇范叔》，李寿卿《伍员吹箫》，尚仲贤《气英布》，纪君祥《赵氏孤儿》，无名氏《赚蒯通》，无名氏《冻苏秦》，无名氏《马陵道》，郑光祖《周公摄政》，金仁杰《萧何追韩信》，狄君厚《晋文公火烧介子推》，李文蔚《圯桥进履》，郑光祖《伊尹耕莘》，高文秀《渑池会》（或作《廉颇负薪》），杨梓《豫让吞炭》，丹丘先生《卓文君私奔相如》。此外还有逸套见于《康熙乐府》中的两种：赵明道《范蠡归湖》，王仲文《汉张良辞朝归山》。京剧中又有：《渭水河》，《八义图》（或称《搜孤救孤》），《战樊城》，《长亭会》，《渑池会》（或称《完璧归赵》），《五雷阵》（或称《孙庞斗智》），《黄金台》，《宇宙锋》，《博浪椎》，《霸王别姬》，《武昭关》，《文昭关》，《浣纱记》，《鱼肠剑》，《未央宫》，《喜封侯》（或称《蒯彻装疯》），《盗宗卷》（或称《兴汉图》），《监酒令》，《文君当垆》。

李长之说："正如唐人的传奇之作为元明剧作家的材料来源一样，也正如中世纪的传说之为莎士比亚所取资一样。司马迁的《史记》是成了宋明清的剧作家的探宝之地了。"（李长之：《司马迁之人格与风格》，304～305页，北京，生活·读书·新知三联书店，1984）

通过李长之的分析，可以理解历史成为历史剧创作资源的情形。

谈到戏剧和历史的关系，自然会想起史学大师顾颉刚先生发起以《古史辨》为旗帜的"疑古"运动时，曾经因戏剧而受到重要的启示。他在《〈古史辨〉第一册自序》中写道："民国二年，我考进了北京大学的预科。我在南方，常听得北京戏剧的美妙，酷好文艺的圣陶又向我称道戏剧的功用。我们偶然凑得了几天旅费，到上海去看了几次戏，回来后便要作上几个月的咬嚼。这时我竟有这般福分，得居戏剧渊海的北京，如何忍得住不大看而特看。于是我变成了一个'戏迷'了！别人看戏必有所主，我固然也有几个极爱看的伶人，但戒不掉的好博的毛病，无论哪一种腔调，哪一个班子，都要去听上几次。全北京的伶人大约都给我见到了。每天上课，到第二堂退堂时，知道东安门外广告版上各戏团的戏报已经贴出，便在休息的十分钟内从译学馆（豫科所在）跑去一瞧，选定了下午应看的戏。学校中的功课下午本来就较少，就是有课我也不去请假。在这戏迷的生活中二年有余，我个人的荒唐和学校课业的成绩的恶劣自不消说；万想不到我竟会在这荒唐的生活中得到一注学问上的收获（这注收获直到了近数年方因辨论古史而明白承受）。"自从到了北京，成了戏迷，于是只得抑住了读书人的高傲去和民众思想接近，戏剧中的许多基本故事也须随时留意了。但一经留意之后，自然地生出许多问题来。""深思的结果，忽然认识了故事的格局，知道故事是会得变迁的，从史书到小说已不知改动了多少（例如诸葛亮不斩马谡而小说中有挥泪斩谡的事，杨继业绝食而死而小说中有撞死李陵碑的事），从小说到戏剧又不知改动了多少，甲种戏与乙种戏同样写一件故事也不知道有多少点的不同。一件故事的本来面目如何，或者当时有没有这件事实，我们已不能知道了；我们只能知道在后

人想像中的这件故事是如此的分歧的。推原编戏的人所以要把古人
的事实迁就于他们的想像的缘故，只因作者要求情感上的满足，使
得这件故事可以和自己的情感所豫期的步骤和结果相符合。""我看
了两年多的戏，惟一的成绩便是认识了这些故事的性质和格局，知
道虽是无稽之谈原也有它的无稽的法则。"（顾颉刚：《〈古史辨〉第
一册自序》，见《古史辨》，第 1 册，19～22 页，上海，上海古籍出
版社，1982）顾颉刚后来做"辨证伪古史"的工作，并且取得了举
世瞩目的成就，原因之一，竟然是因为思考戏剧和历史的关系而得
到的启迪。

可以说，顾颉刚有幸通过看戏而得到了对历史的新认识，戏剧则有幸通过顾颉刚的深思为历史学的进步提供了文化素材，而历史也有幸通过顾颉刚和戏剧的文化机缘而取得了时代的突破。

历史学者注意到"古人的事实"和"后人"的"想像"的"不同"。顾颉刚分析："推原编戏的人所以要把古人的事实迁就于他们的想像的缘故，只因作者要求情感上的满足，使得这件故事可以和自己的情感所豫期的步骤和结果相符合。""编戏的人"的这种"改动"，通常通过"虚构"程序完成，导致了"事实"和出自"想像"的"步骤和结果""性质和格局"的"分歧"，有时会引起"无稽"的批评。显然，历史剧作内容虚构的合理度，是有必要探究、有必要澄清的问题。

关于历史题材的戏剧，曾经有过长期的争论。争论的焦点，是剧作的虚构限度问题。

在历史剧的创作方面有突出成就的历史学家郭沫若曾经提出这样的意见："剧作家的任务是在把握历史的精神而不必为历史的事实所束缚"（郭沫若：《我怎样写〈棠棣之花〉》，载《新华日报》，1941-12-14）。他主张应当采取"失事求似"的具体手法（参见郭沫若：《历史·史剧·现实》，载《戏剧月刊》，1943，1（4））。他还指出："写历史剧可用《诗经》的赋、比、兴来代表。准确的历史剧是赋的体裁，用古代的历史来反映今天的事实是比的体裁，并不完全根据事实，而是我们在对某一段的历史的事迹或某一个历史人物，感到可爱而加以同情，便随兴之所至写成的戏剧，就是兴。"（郭沫若：《谈历史剧——在上海市立艺术学校讲演》，载《文汇报》，1946-06-26、1946-06-28）

文学家茅盾也有历史学的深厚根底。他关于神话的研究，就表现出史家的学养。茅盾对于历史和历史剧的关系，也发表过重要的意见。他指出："历史家不能要求历史剧处处都有历史根据，正如艺术家（剧作家）不能以艺术创作的特征为借口而完全不顾历史事实、任意捏造。""任何艺术虚构都不应当是凭空捏造，主观杜撰，而必须是在现实的基础上生发出来的。换言之，人与事虽非真有，但在作品所反映的时代历史条件下，这些人和事的发生是合理的，是有最大的可能性的。"（茅盾：《关于历史和历史剧——从〈卧薪尝胆〉的许多不同剧本说起》，127~128 页，北京，作家出版社，1962）

身为历史学家的吴晗也曾经有历史剧作的成功尝试，他的新编历史剧《海瑞罢官》，在中国文化史上有醒目的地位。吴晗主张："历史剧必须有历史根据，人物、事实都要有根据。""人物、事实都是虚构的，绝对不能算历史剧。人物确有其人，但是事实没有或不可能发生的，也不能算历史剧。""历史剧作家在不违反时代的真实性的原则下，不去写这个时代所不可能发生的事情，而写的是这个历史人物所处的时代完全可能发生的事情，在这个原则下，剧作家有充分的虚构的自由，创造故事，加以渲染、夸张、突出、集中，使之达到艺术上的完整的要求。"（吴晗：《谈历史剧》，见戏剧报编辑部编：《历史剧论集》，第 1 集，268 页，上海，上海文艺出版社，1962）

文学史研究大家王瑶对于历史剧作的虚构，认为应当按照历史"可能怎样"进行虚构，按照历史"应该怎样"进行虚构（参见王瑶：《郭沫若的浪漫主义历史剧创作理论》，载《文学评论》，1983 (3)）。还有一些学者也提出了各种意见（参见孙书磊：《中国古代历史剧研究》，南京，南京师范大学出版社，2004）。

虽然学者们认识各有不同，但是都主张历史真实和艺术形式的统一，只是对于这种"统一"的理解有所不同，对于如何"统一"，也有不同的见解。

我们看到，论者大都承认历史剧不可能全无偏差地重现历史真实，大都不否认历史剧作中虚构的合理性，只是对于这种虚构的合理度，认识未必一致。

今天，人们看到影视作品充斥"戏说"历史的现象，也许讨论这种"合理度"，是有更突出的必要性的。而关于《芈月传》内容和形式的进一步讨论，或许可以帮助我们深化相关认识。

后　语

　　遵贺耀敏先生嘱，将对于秦史宣太后时代的一些思考加以整理，结合电视连续剧《芈月传》的社会影响，也谈一些想法，于是形成以上文字。总体来说，作为一个秦汉史研究者，我对于宣太后的历史表现，以往的关注是不够的。幸有郑晓龙导演的《芈月传》问世，激发了人们对这段历史的关心，也促使我对相关问题进行初步思考。也许今后还会就这位历史人物的地位和作用，以及她所生活的时代的历史特点再做更深层次的探究。

　　宣太后时代的秦国，表现出历史特征鲜明的英雄主义、进取精神和开放胸怀。"昭襄业帝"的成功，为后来秦统一的历史进程开辟了道路。认识这段历史，总结这段历史，对于分析中国历史的走向，理解我们民族精神形成的基因，是有积极意义的。

　　本书副题用"宣太后世家"语，妄用司马迁《史记》体例形式。而《吕太后本纪》之"吕太后"题名，也可以借鉴。谨此有以说明。《史记》的"世家"，后来不被别的史书沿用。自《汉书》以后，都采用"列传"替代《史记》的"世家"。朱东润说："《史记》诸体中不久旋废者，惟有'世家'。"指出《史记》体例中，只有"世家"

为后来的史家所放弃。又引赵翼《廿二史札记》说："《史记·卫世家赞》，余读《世家》言云云，是古来本有'世家'一体，迁用之以记王后诸国。《汉书》乃尽改为'列传'。'传'者，传一人之生平也。王侯开国，子孙世袭，故称'世家'。今改作'传'而其子孙嗣爵，又不能不附其后，究非体矣。"朱东润说："周汉之间，凡能拱辰共毂，为社稷之臣，效股肱辅弼之任者，则史迁入之'世家'。开国可也，不开国亦可也；世代相续可也，不能相续亦可也；乃至身在草野，或不旋踵而亡，亦无不可也。明乎此，而后可以读《史记》。"（《史记考索（外二种）》，14、16~17页，上海，华东师范大学出版社，1996）他指出，只有了解了"世家"的意义之后，才能够"读《史记》"。按照清代学者吴见思的见解："'世家'之体，与'列传'不同。""为'世家'者，另有一副笔仗；读'世家'者，当另换一副眼光。无作矮子观场，随人笑语也。"（《史记论文》，陆永品点校整理，26页，上海，上海古籍出版社，2008）对于"世家"，作者"另有一副笔仗"，读者"当另换一副眼光"。

　　本书副题用"世家"二字，当然只是借用"世家"名义，不仅不能承袭"'世家'之体"，而且其中文气和精神都愧对司马迁的史学创造。然而，宣太后的地位显然值得列入"世家"，则是我们确定的判断。

鸣　　谢

本书所使用的电视剧《芈月传》剧照均得到版权方东阳市乐视花儿影视文化有限公司的授权！

特别感谢电视剧《芈月传》导演郑晓龙先生、出品人敦勇先生、制片人曹平女士以及各位演职人员为本书的出版所做出的贡献！

图书在版编目（CIP）数据

卸妆"芈月"：宣太后世家/王子今著.—北京：中国人民大学出版社，2016.8

ISBN 978-7-300-22927-0

Ⅰ.①卸… Ⅱ.①王… Ⅲ.①芈月（?—前265年)-传记
Ⅳ.①K827＝31

中国版本图书馆CIP数据核字（2016）第113903号

卸妆"芈月"：宣太后世家

王子今 著

Xiezhuang "Mi Yue"：Xuantaihou Shijia

出版发行	中国人民大学出版社	
社　　址	北京中关村大街31号	邮政编码　100080
电　　话	010-62511242（总编室）	010-62511770（质管部）
	010-82501766（邮购部）	010-62514148（门市部）
	010-62515195（发行公司）	010-62515275（盗版举报）
网　　址	http://www.crup.com.cn	
	http://www.ttrnet.com（人大教研网）	
经　　销	新华书店	
印　　刷	涿州市星河印刷有限公司	
规　　格	140 mm×210 mm　32开本	版　次　2016年8月第1版
印　　张	4.25 插页2	印　次　2016年8月第1次印刷
字　　数	68 000	定　价　38.00元